新能源汽车系列教材　微课版

电动汽车整车性能检测与评价

主　编　潘　浩　张　强
副主编　任　亮　王东洋　唐建春
主　审　荀　猛

图书总码

北京理工大学出版社
BEIJING INSTITUTE OF TECHNOLOGY PRESS

内 容 提 要

本书为深圳职业技术学院与比亚迪股份有限公司校企合作共同编写的新形态一体化教材，教材以八个项目及多个任务为驱动，主要内容包括电动汽车检测、电动汽车基本参数检测、电动汽车动力性能检测、电动汽车经济性能检测、电动汽车安全性能检测、电动汽车操控性能检测、电动汽车平顺性能检测以及电动汽车电磁兼容性能检测，通过这些项目内容的学习，引导读者系统地建立电动汽车整车性能检测与评价体系，并且，在每个项目中围绕着相应任务的知识点与技能点，在网络资源上配套了部分难以理解知识点的图片、动画或视频等特色资源，结合这些资源可实现教材的互联网＋应用。

版权专有　侵权必究

图书在版编目（CIP）数据

电动汽车整车性能检测与评价/潘浩，张强主编.——北京：北京理工大学出版社，2021.12（2022.1 重印）
ISBN 978-7-5763-0709-2

Ⅰ.①电… Ⅱ.①潘… ②张… Ⅲ.①电动汽车—性能检测 Ⅳ.①U469.7

中国版本图书馆 CIP 数据核字（2021）第 241424 号

出版发行／北京理工大学出版社有限责任公司
社　　址／北京市海淀区中关村南大街 5 号
邮　　编／100081
电　　话／（010）68914775（总编室）
　　　　　（010）82562903（教材售后服务热线）
　　　　　（010）68944723（其他图书服务热线）
网　　址／http：//www.bitpress.com.cn
经　　销／全国各地新华书店
印　　刷／北京昌联印刷有限公司
开　　本／787 毫米×1092 毫米　1/16
印　　张／10.25　　　　　　　　　　　　　　责任编辑／孟祥雪
字　　数／200 千字　　　　　　　　　　　　　文案编辑／孟祥雪
版　　次／2021 年 12 月第 1 版　2022 年 1 月第 2 次印刷　责任校对／周瑞红
定　　价／34.00 元　　　　　　　　　　　　　责任印制／李志强

图书出现印装质量问题，请拨打售后服务热线，本社负责调换

前　言

世界正在经历百年未遇之大变局，转变能源发展方式加快推进清洁替代和电能替代，彻底摆脱化石能源依赖是实现我国"碳达峰、碳中和"的根本途径，在"双碳"目标的大背景下，我国电动汽车产销量自 2020 年以来快速增长，目前已经成为全世界第一大电动汽车产销国，与此同时，我国电动汽车市场新设计与推出的品牌和车型也在爆发式增长，电动汽车新车型的试验与检测量也在不断加大，各项测试技术与法规标准也在不断更新发展，目前急需一本全面介绍电动汽车测试技术方面的专业教材。

深圳职业技术学院是国内较早开展新能源汽车技术教学的学校，多年来积累了较为丰富的教学经验；比亚迪是国内新能源汽车的龙头企业，2019 年校企双方合作共建"比亚迪应用技术学院"，将双方的合作推到了新的阶段，为落实学校"九个共同"之"校企共同编写教材"，在校企双方领导的大力支持下，2020 年年初启动了教材的编写工作，双方组织了精干的教师队伍和工程师团队，经过多轮反复讨开始共建《电动汽车整车性能检测与评价》教材，本教材采用新形态一体化的编写模式，贯彻最新的国家标准，针对电动汽车整车测试技术的最新发展，全面介绍了电动汽车测试与评价的测试法规与测试方法，以项目和任务的形式编排内容，教材的编写充分体现了项目化教学的特色，注重理论知识与实践应用的紧密结合。同时，本书针对高等院校学生的学习特点，对知识点编配了大量的图片激发学生的学习兴趣，使理论知识变得直观易懂；在每章内容前都明确本章的学习项目和任务，使学生在学习中有的放矢，提高学习效率；在每章内容后都编写了考核与评价测试习题，使学生在学习后能通过习题检验学习效果和巩固学习成果，一方面可作为大专院校新能源汽车技术专业的参考教材，另一方面也可作为广大电动汽车爱好者和电动汽车消费者的参考书籍。

本书由深圳职业技术学院、比亚迪股份有限公司及相关企业项目组共同编写，由深圳

职业技术学院潘浩、张强担任主编，任亮、王东洋、唐建春担任副主编，荀猛担任主审，全书由潘浩统稿。本书编写过程中，参考了大量文献以及相关网站信息，吸收了电动汽车行业最新的测试法规和方法以及企业的相关案例，在此向各位专家、学者、合作企业表示衷心的感谢。本书的出版也得到了北京理工大学出版社的大力支持与帮助，在此一并致谢。

由于本书涉及的知识面和信息量较大，加之编者学识有限，对书中的疏漏之处，敬请读者批评指正，邮箱：zhang@szpt.edu.cn

编 者

目　录

学习任务一　认识汽车检测 ………………………………………… 1

本章概述 ……………………………………………………………………… 1
学习项目任务分解 …………………………………………………………… 2
知识储备：认识汽车检测 …………………………………………………… 3
　一、汽车检测的概念 ……………………………………………………… 3
　二、汽车试验与汽车检测的区别 ………………………………………… 3
　三、汽车检测的标准 ……………………………………………………… 3
　四、汽车检测的分类 ……………………………………………………… 5
　五、检测系统的基本要求 ………………………………………………… 6
　六、检测系统的基本原理 ………………………………………………… 7
　七、检测系统的组成 ……………………………………………………… 7
　八、汽车检测的模块化与电测法 ………………………………………… 8
考核与评价 …………………………………………………………………… 8

学习任务二　电动汽车基本参数检测 ……………………………… 9

本章概述 ……………………………………………………………………… 9
学习项目任务分解 …………………………………………………………… 10
知识储备：认识汽车的基本参数 …………………………………………… 11
　一、汽车的基本参数概念 ………………………………………………… 11
　二、汽车尺寸的评价方法及评价指标 …………………………………… 11
　三、汽车尺寸参数检测的坐标系及尺寸编码 …………………………… 12

  四、汽车质量的评价方法及评价指标 ………………………………………… 14
 任务实施：电动汽车基本参数检测 …………………………………………… 14
  一、汽车尺寸的检测与试验 ……………………………………………………… 14
  二、汽车质量的检测与试验 ……………………………………………………… 20
 拓展学习：汽车尺寸参数检测的目的 ………………………………………… 22
  一、汽车尺寸参数检测的目的 ……………………………………………………… 22
  二、电动汽车基本参数的优化及比亚迪运用车型举例 ……………………………… 23
 考核与评价 ……………………………………………………………………… 24

学习任务三　电动汽车动力性能检测 ………………………… 25

 本章概述 ………………………………………………………………………… 25
 学习项目任务分解 ……………………………………………………………… 26
 知识储备：认识汽车的动力性 ………………………………………………… 27
  一、汽车动力性概念 ……………………………………………………………… 27
  二、汽车动力性评价方法及评价指标 ……………………………………………… 27
  三、影响汽车动力性的因素分析 …………………………………………………… 28
 任务实施：电动汽车动力性能检测 …………………………………………… 29
  一、电动汽车最高车速的检测与试验 ……………………………………………… 29
  二、电动汽车加速性能检测与试验 ………………………………………………… 37
 拓展学习：电动汽车动力性能提升分析 ……………………………………… 40
 知识拓展：传统燃油汽车与电动汽车动力输出特性比较 …………………… 41
 考核与评价 ……………………………………………………………………… 45

学习任务四　电动汽车经济性能检测 ………………………… 47

 本章概述 ………………………………………………………………………… 47
 学习项目任务分解 ……………………………………………………………… 48
 知识储备：认识电动汽车的经济性 …………………………………………… 49
  一、电动汽车经济性概念 ………………………………………………………… 49
  二、汽车经济性评价方法及评价指标 ……………………………………………… 49
  三、影响电动汽车经济性的因素分析 ……………………………………………… 49
  四、电动汽车经济性能检测 NEDC 工况 …………………………………………… 51
 任务实施：电动汽车经济性能检测 …………………………………………… 53
  一、检测与试验标准 ……………………………………………………………… 53
  二、检测与试验流程 ……………………………………………………………… 54
  三、检测与试验案例 ……………………………………………………………… 59

拓展学习：电动汽车经济性能提升分析 ………………………………………… 64
　　知识拓展：电池能量管理系统 …………………………………………………… 65
　　知识拓展：再生制动能量回馈系统 ……………………………………………… 68
　　考核与评价 ………………………………………………………………………… 71

学习任务五　电动汽车安全性能检测 ……………………………………………… 73

　　本章概述 …………………………………………………………………………… 73
　　学习项目任务分解 ………………………………………………………………… 74
　　知识储备：认识汽车的安全性 …………………………………………………… 75
　　　一、汽车安全性概念 …………………………………………………………… 75
　　　二、汽车安全性评价方法及评价指标 ………………………………………… 75
　　　三、影响汽车被动安全性的因素分析 ………………………………………… 78
　　　四、电动汽车电压等级 ………………………………………………………… 79
　　　五、电动汽车人员触电防护总则 ……………………………………………… 79
　　　六、电动汽车高压标记要求 …………………………………………………… 80
　　　七、电动汽车间接接触防护要求 ……………………………………………… 80
　　　八、电动汽车功能安全防护要求 ……………………………………………… 82
　　任务实施：电动汽车安全性能检测 ……………………………………………… 83
　　　一、电动汽车直接接触防护试验 ……………………………………………… 83
　　　二、电动汽车整车绝缘电阻试验 ……………………………………………… 86
　　　三、电动汽车充电插座绝缘电阻试验 ………………………………………… 89
　　　四、电动汽车整车防水试验 …………………………………………………… 91
　　拓展学习：电动汽车安全性能提升分析 ………………………………………… 94
　　　一、提升汽车安全性的方法 …………………………………………………… 94
　　　二、提升电动汽车安全性的技术及比亚迪运用车型举例 …………………… 97
　　考核与评价 ………………………………………………………………………… 99

学习任务六　电动汽车操控性能检测 ……………………………………………… 101

　　本章概述 …………………………………………………………………………… 101
　　学习项目任务分解 ………………………………………………………………… 102
　　知识储备：认识汽车的操控性 …………………………………………………… 103
　　　一、汽车操控性概念 …………………………………………………………… 103
　　　二、汽车操控性评价方法及评价指标 ………………………………………… 103
　　　三、影响电动汽车操纵性的因素分析 ………………………………………… 104
　　任务实施：电动汽车操控性能检测 ……………………………………………… 105

  拓展学习：电动汽车操控性能提升分析 ……………………………………… 112
   一、提升汽车操控性的方法 …………………………………………………… 112
   二、提升电动汽车操控性的技术及比亚迪运用车型举例 …………………… 114
  考核与评价 …………………………………………………………………………… 116

学习任务七　电动汽车平顺性能检测 …………………………………… 117

  本章概述 ……………………………………………………………………………… 117
  学习项目任务分解 …………………………………………………………………… 118
  知识储备：认识汽车的平顺性 ……………………………………………………… 119
   一、汽车平顺性概念 …………………………………………………………… 119
   二、汽车平顺性评价方法及评价指标 ………………………………………… 119
   三、影响汽车被动安全性的因素分析 ………………………………………… 120
  任务实施：电动汽车平顺性能检测 ………………………………………………… 121
  拓展学习：电动汽车平顺性提升分析 ……………………………………………… 128
   一、提升汽车平顺性的方法 …………………………………………………… 128
   二、提升电动汽车平顺性的技术及比亚迪运用车型举例 …………………… 130
  考核与评价 …………………………………………………………………………… 133

学习任务八　电动汽车电磁兼容性能检测 ……………………………… 135

  本章概述 ……………………………………………………………………………… 135
  学习项目任务分解 …………………………………………………………………… 136
  知识储备：认识汽车的电磁兼容性 ………………………………………………… 137
   一、汽车电磁兼容性概念 ……………………………………………………… 137
   二、汽车电磁兼容性评价方法及评价指标 …………………………………… 137
  任务实施：电动汽车电磁兼容性检测 ……………………………………………… 142
  拓展学习：电动汽车电磁兼容性提升分析 ………………………………………… 150
   一、提升电动汽车电磁兼容性的方法 ………………………………………… 150
   二、提升电动汽车电磁兼容性的技术及比亚迪运用车型举例 ……………… 151
  考核与评价 …………………………………………………………………………… 154

学习任务一
认识汽车检测

本章概述

据公安部交通管理局发布消息，2020年全国汽车保有量达2.81亿辆，汽车检测技术越来越受到关注。汽车检测技术对汽车行业的发展以及车辆安全、稳定运行都具有重要意义。

随着科学技术的进步，汽车检测技术也飞速发展，传统的检测方法已不能满足现在汽车检测需要，其他领域新技术的发展、渗透也促进了汽车检测设备与手段的更新发展。目前人们已能依靠各种先进仪器设备，对汽车进行综合检测诊断，而且具有自动控制检测过程、自动采集检测数据等功能，使检测诊断过程更安全、更快捷和更准确。

在本章内容中，我们围绕"什么是汽车检测？"来展开学习，需要同学们掌握的知识主要包括：①汽车检测的基本概念；②汽车检测的标准；③汽车检测的分类；④汽车检测的原理、系统及其方法。

学习项目任务分解

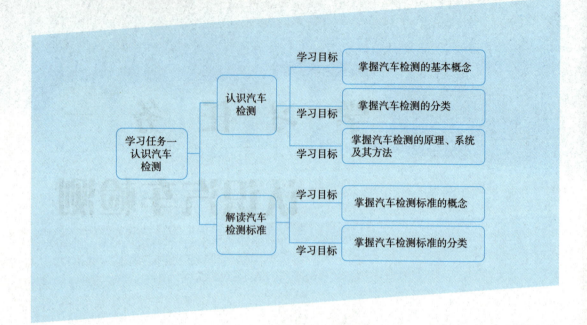

知识储备：认识汽车检测

一、汽车检测的概念

汽车检测就是通过实测手段确定汽车的或与汽车有关的某个（些）参数。这里的参数一般是指物理量的定量数值，如长度、速度、质量、力等；有的时候也可以是定性评价。

资源 1-1　汽车检测的概念理解

一般来说，汽车检测都应遵循国家或者相关部门、行业或者企业颁布的正规标准文件。检测标准可以确保检测操作规范安全，数据结果准确可信，且具有典型性、代表性和可比性。

二、汽车试验与汽车检测的区别

汽车试验与汽车检测在测量学意义上无本质区别。检测更强调行业性，强调操作的便捷性与智能化，以及结果的可比性。试验更强调学术性，强调试验模拟的可靠性，强调数据结果的精确度。

三、汽车检测的标准

1. 国际标准

汽车外廓尺寸是用来描述汽车外部轮廓尺寸的，包括汽车长、汽车宽和汽车高。国际标准由国际标准化组织（International Organization for Standardization，ISO）制定，一些国家标准的制定往往要参考国际标准，比如我国汽车平顺性的评价方法就参考了 ISO 2631—1:1997（E）（见图 1-1），我国对其进行了修订，公布了 GB/T 4970—2009《汽车平顺性试验方法》。

资源 1-2　汽车检测标准

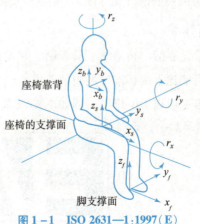

图 1-1　ISO 2631—1:1997（E）标准中规定的人体坐姿受振模型

2. 国际区域性标准

由区域性的国家集团的标准化组织制定和发布的标准，较典型的如欧洲经济委员会标准 ECE 和欧洲经济共同体标准 EEC 等。

我国在制定汽车侧面碰撞标准时是以欧洲 ECER95/02 法规为蓝本制定的。

3. 国家标准

国家标准是国家制定的标准，一般由某行业部委提出，由国家质量监督检验检疫总局发布，冠以中华人民共和国国家标准（GB）字样，后面紧跟号码，是强制性标准，又称“法规”，必须执行，如 GB 18565—2016《营运车辆综合性能要求和检验方法》。

如果 GB 后面还有字母 T，就是推荐性标准，如 GB/T 18386.1—2021《电动汽车能量消耗量和续驶里程试验方法 第 1 部分：轻型汽车》(见图 1－2)。

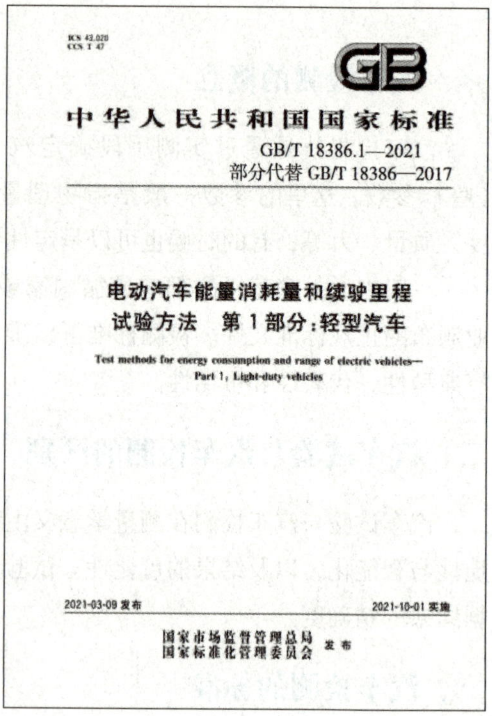
ICS 43.020
CCS T 47

GB

中华人民共和国国家标准

GB/T 18386.1—2021
部分代替 GB/T 18386—2017

电动汽车能量消耗量和续驶里程
试验方法 第 1 部分：轻型汽车

Test methods for energy consumption and range of electric vehicles—
Part 1: Light-duty vehicles

2021-03-09 发布 2021-10-01 实施

国家市场监督管理总局
国家标准化管理委员会 发布

图 1－2 GB/T 18386. 1—2021
《电动汽车能量消耗量和续驶里程试验方法
第 1 部分：轻型汽车》

4. 行业标准

行业标准也称为部委标准，是部级制定并发布的标准，在部委系统内或行业系统内贯彻执行。我国汽车行业的标准简写为 QC，交通行业的标准简写为 JT。

很多汽车检测设备的技术条件与性能都依据相应的 JT 标准，如汽车综合性能的检测设备底盘测功机要依据行业标准 JT/T 445—2008《汽车底盘测功机》。

5. 地方标准

地方标准是省级、市地级、县级制定并发布的标准，在地方范围内贯彻执行。地方标准中的限值可能比上级标准中的限值要求更严格。

地方标准一般以 DB 开头，例如电动汽车识别标志的北京市地方标准 DB11/T 862—2012（见图 1－3）。

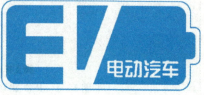

图 1－3 电动汽车识别标志

6. 企业标准

企业根据自身特点，参考国家与行业标准制定仅适用于该企业内部的标准。企业标准的主要目的是提高企业自身的产品质量和管理水平，企业标准的技术要求可以高于国家标准和国际标准，且一经当地政府标准化行政主管部门备案后，不得自行降低。

企业标准代号通常以 Q 开头。例如，比亚迪股份有限公司的汽车零部件盐雾试验方法企业标准 Q—BYDQ—J01.322—2007（见图 1-4）。

图 1-4　比亚迪股份有限公司的汽车零部件盐雾试验方法企业标准　Q—BYDQ—J01.322—2007

四、汽车检测的分类

1. 对汽车的新产品进行定型的检测

（1）汽车新产品定型检测。

汽车新产品定型检测是指汽车新产品在正式投产前所进行的全面性能检测与试验。必须按照国家有关检测或试验标准进行，通常还要选择不同试验环境，验证其在不同温度、湿度、海拔以及环境气氛下的适应性。

一般要进行多轮试验，每轮试验发现问题要及时改进，直到汽车性能要求全面满足。

资源 1-3　汽车检测的分类

（2）汽车总装线质量检测。

通过规定的检测项目，鉴定目前生产的汽车产品质量的一致性和稳定性，如果发现问题还要进行简要分析。

由于汽车产品的技术性能和质量指标已经确定，检测规范已经成型，而且，汽车产品质量检测强调时效性，因此这类检测一般比较简单快捷，一般在汽车总装线的后端进行。

如比亚迪总装线上的线制动力测试、线方向盘摆正作业、线四轮定位上车检测作业、线前照灯测试。

（3）在用汽车的检测。

为了使在用汽车保持良好的技术状况，减少汽车故障，保障行车安全，延长车辆使用寿命，我国实行在用车的定期检查制度，国家规定了在用汽车定期检查的检测项目以及检测方法等，定期检测主要在机动车检测站进行。

2. 根据检测位置分类

（1）室外试验场检测试验（动态检测）。

室外试验场（见图1-5）根据需要的检测和试验项目以及目的，严格按照规范修建。试验场的场地条件和车辆的实际运行条件一致，通常不需要对车辆进行解体，驾驶操作真实。优势是可以进行几乎所有的整车性能试验，而且结果可信度较高，不足之处在于室外行驶条件不易控制，检测和试验过程易受各种无关因素干扰。

（2）室内台架仪器检测试验（静态检测）。

室内台架仪器检测试验（见图1-6）是指在汽车实验室内搭建专用试验台架，利用试验台模拟实际使用工况，对汽车整车以及总成进行测试。优势是室内的环境易于控制，可以消除天气、道路状况和交通流量等室外随机因素的影响，有利于组织和安排试验，缩短试验周期，而且试验数据的重复性好，可比性强。不足之处在于室内台架试验是对汽车真实行驶工况的模拟，其模拟试验结果的精确度与可信度不如室外试验场试验。

图1-5 室外试验场

图1-6 室内台架仪器检测试验

五、检测系统的基本要求

检测系统应满足以下基本要求：

1. 单值、确定的输出—输入关系

单值、确定的输出—输入关系又称为"单调性"，即"一一映射"。否则，同一个输入会引起不同的输出，或者同一个输出对应不同的输入，系统将无法工作。

2. 具有单向性

单向性是指不能因为安置了测试系统而影响被测系统原来的工作状况。

3. 满足线性度

线性度即系统的输出—输入关系成线性。

资源1-4 检测系统的基本要求

六、检测系统的基本原理

检测系统（见图1-7）就是"将输入 x 转换成输出 y 的装置"，可将其功能视作一个函数。

资源1-5　检测系统的基本原理

图1-7　检测系统原理示意图

在输入、系统和输出三者中，已知两个，就可以求另一个：
（1）已知系统和输出，求输入，相当于测量。
（2）已知输入和输出，求系统特性，相当于定度（标定）。
（3）已知系统和输入，求输出，相当于输出信号预测（可看作某种仿真）。

七、检测系统的组成

检测系统的主要组成包括传感器、信号调节器、记录与显示装置、数据处理装置，另有定度及校准装置（见图1-8）。

资源1-6　检测系统的组成

图1-8　检测系统的主要组成

（1）传感器：相当于输入模块，是检测系统的主干模块，将被测非电量转换成电信号的装置，进行信号输入，即拾取信号。

（2）信号调节器：作为检测系统的主干模块，主要负责信号的中间变换和各种变换装置之间的传输，一般情况下来自传感器的信号不能直接使用，需要经过中间处理后才能成为能量足够、波形标准、不失真、干扰少、便于传输的电信号，供后续记录或显示。信号调节器是一个统称，具体种类有很多：阻抗匹配、多路信号的切换、信号放大、整形、滤波、调制与解调、数字量和模拟量的相互转换等。不同检测系统，会根据试验目的选用不同的信号调节器，所以信号调节器也代表了我们测试系统的特性。

（3）记录与显示装置：检测系统的主干模块，是测试系统的输出端，通过这个环节来记录或直接显示，供使用者分析或利用数据处理机分析计算。记录和显示的方式也很多，主要是要便于信息的存储、复制、重放和分析处理。

（4）数据处理装置：又称数据采集系统，简称数采系统，往往与计算机系统进行了融合，运用计算机来进行信号的拾取、转换、运算、记录和存储，甚至可以内置一些算法，从而较容易地得到一些处理后的数据结果以及分析结果。

（5）定度和校准装置：定度又称标定，表明这套设备有确定的输出—输入关系，有明确的定量关系，从而能够根据输出量来推断输入量，也就是被测量。校准设备则是用于检测工作中所用的传感器、信号调节器等装置，由于装置自身技术状况变化或者环境不标准等因素的影响，其灵敏度、幅频特性或一些其他的性能参数，可能会存在偏差，为保证检测的准确性，此时则需要校准设备。校准就是在同一输入信号的作用下，用该工作装置与更高精度等级的标准装置的输出信号进行比较，找出工作装置的误差来进行修正。

八、汽车检测的模块化与电测法

汽车检测发展至今，在测试技术上普遍具有两个主要的特点：从测试系统的总体组织和构成的角度，汽车检测通常采用模块化；在信号测量的具体技术手段上，汽车检测通常采用电测法。

资源1-7 汽车检测的模块化与电测法

1. 汽车检测的模块化

整套测试系统是由若干既相互联系又相对独立的环节（可称之为"子系统"）组成的，这就是模块化。

模块化的组织方法有利于提高检测试验准备和检测试验实施过程的效率，也有利于提高检测仪器设备的利用率。

2. 汽车检测的电测法

现代的专业测试技术，普遍是先将被测非电量转换为某种电信号，再进行后续的传输、处理和记录显示等，这就是电测法。

电测法测量的灵敏度和精确度高，测量范围广，更适用于高频信号的动态测量。测试系统对被测系统的干扰小，单向性好。

电信号的传输、处理、记录、复制和显示更方便，检测过程的自动化、智能化程度高。

考核与评价

1. 什么是汽车检测？
2. 汽车试验与汽车检测有什么区别？
3. 汽车检测有哪些标准？
4. 汽车检测如何分类？
5. 检测系统的基本原理和要求是什么？
6. 检测系统由哪些部分组成？
7. 什么是汽车检测的模块化与电测法？

学习任务二
电动汽车基本参数检测

本章概述

　　电动汽车的基本参数包括汽车尺寸和汽车质量，作为汽车最基本的测试指标，这些参数影响着汽车的机械布局和使用要求，从厂家各自的设计方案到汽车所针对的目标市场级别都有着举足轻重的作用。不仅如此，电动汽车的基本参数还在很大程度上决定了汽车的通过性能和经济性。因此，学习电动汽车基本参数的检测是判断电动汽车综合性能的基础。

　　在本章内容中，需要同学们掌握的知识主要包括：①汽车尺寸参数的认知及其评价；②汽车质量参数的认知和评价。需要掌握的能力主要包括：能够对汽车的尺寸参数及质量参数进行检测。

学习项目任务分解

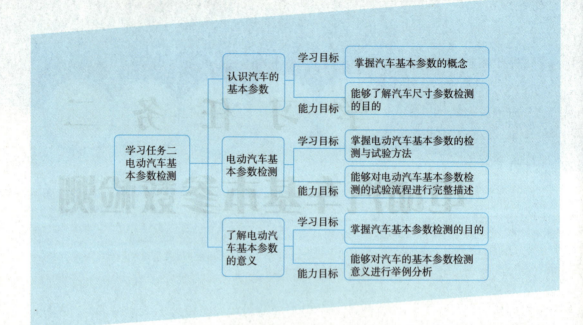

知识储备：认识汽车的基本参数

一、汽车的基本参数概念

汽车的基本参数主要是汽车的尺寸和汽车的质量。汽车的尺寸参数包括：汽车外廓尺寸；汽车轴距；汽车轮距；汽车前后悬。汽车的质量参数包括：整备质量；总质量；汽车装载质量；轴载质量。

资源2-1　电动汽车基本参数与评价

二、汽车尺寸的评价方法及评价指标

1. 汽车外廓尺寸

汽车外廓尺寸是用来描述汽车外部轮廓尺寸的，包括汽车长、汽车宽和汽车高。

汽车整车长度（如图2-1所示L），指垂直于车辆纵向对称平面，分别抵靠汽车的最前和最后突出部位的两垂直平面之间的距离。

汽车整车宽度（如图2-1所示D），指平行于车辆纵向对称平面，并分别抵靠在车辆两侧最外侧刚性固定点突出部位（不包括：视镜、方位灯、侧面标志灯和转向指示灯等）的两平面间的距离。

汽车整车高度（如图2-1所示H），指车辆在无装载质量条件下，车辆的支撑平面与车辆最高突出部位（不包括：汽车天线）相抵靠的水平面之间的距离。

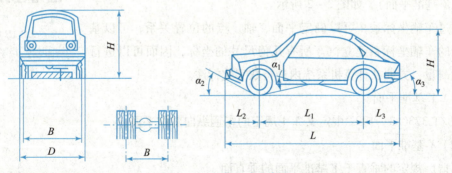

图2-1　汽车尺寸示意图

2. 汽车轴距

轴距（如图2-1所示L_1），指汽车在直线行驶位置时，汽车同侧车轮落地中心点在车辆纵向对称平面的两条垂线之间的距离。轴距反映的是我们车辆的乘坐空间的大小，轴距越大，乘坐空间就越宽敞，乘坐舒适性也会越好。

3. 汽车轮距

轮距（如图2-1所示B），指同一车轴左、右轮胎中心间的距离。如后轴为双胎，则为同一轴的一端两轮胎中心到另一端两轮胎中心间的距离。汽车的轮距有前轮距和后轮距之分，根据车型不同，前后轮距不一定相等。为保持汽车行驶的稳定性，往往是前轮距略小于后轮距。

4. 汽车前、后悬

汽车前悬（如图2-1所示L_2），指汽车直线行驶位置时，其前端的刚性固定件的最前点至两前轮轴线的垂直间的距离。

汽车后悬（如图2-1所示L_3），指汽车的后端的刚性固定件的最后点至后轮轴线的垂直面之间的距离。

三、汽车尺寸参数检测的坐标系及尺寸编码

1. 车辆坐标系

依据GB/T 12673—2019《汽车主要尺寸测量方法》的规定，车辆坐标系由相互关联的三个垂直正交平面组成（X基准平面、Y基准平面、Z基准平面），如图2-2所示。

资源2-2 汽车尺寸参数检测的坐标系及尺寸编码

通过车辆坐标系，可以确定平面、轴、点的位置关系，可以基于我们的车辆坐标系建立汽车所有几何尺寸的坐标，因而可以进行相应的测量，方便在计算机系统内进行数字化标注。

（1）Y基准平面。

GB/T 3730.3—1992中定义2.4规定的车辆纵向对称平面。

（2）X基准平面。

制造厂规定的垂直于Y基准平面的垂直面。

（3）Z基准平面。

制造厂规定的垂直于Y基准平面和X基准平面的平面。

若无特殊规定，长度应在与X向平行的直线上测量；宽度应在与Y向平行的直线上测量；高度应在与Z向平行的直线上测量。

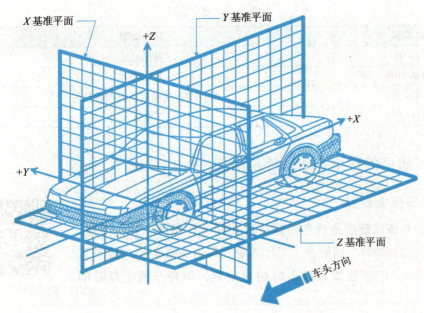

图 2-2 车辆坐标系

若车辆两侧位置对称,则可只测左侧或右侧。

2. 车辆尺寸编码

尺寸代号加数字分段表述车辆相关的尺寸,方便行业内部进行应用(见表 2-1 和表 2-2)。

表 2-1 尺寸代号及定义

尺寸代号	定义
L	长度尺寸或 X 坐标
W	宽度尺寸或 Y 坐标
H	高度尺寸或 Z 坐标
A	角度
SL	座椅长度尺寸
SW	座椅宽度尺寸
SH	座椅高度尺寸
V	行李厢/货厢容积
TL	H 点行程路径长度尺寸
TH	H 点行程路径高度尺寸

表 2-2 数字分段

数字段	尺寸类型
1~99	内部尺寸
100~199	外部尺寸
200~299	行李厢/货厢或后部组件尺寸
400~599	汽车特殊尺寸

四、汽车质量的评价方法及评价指标

1. 汽车整备质量

汽车的整备质量就是汽车经整备后在完备状态下的自身质量，即指汽车在加满燃料、润滑油、工作油液并带有全部装备（随车工具及备胎等）、但未装货和载人时的总质量，即为车辆空载时的质量。

资源 2-3　汽车的质量参数

2. 汽车总质量

汽车的总质量是指汽车装备齐全，并按规定装满客（包括驾驶员）、货物时的质量，即满载质量。它是保证汽车运输安全和运输效率的重要指标。

3. 汽车装载质量

汽车装载质量，指汽车在良好的硬路面上行驶时的最大限额（客车用座位数表示，货车用吨位数表示）。

4. 汽车轴载质量

汽车轴载质量，指汽车的轴载质量是汽车总质量分配给各轴的质量，它与转向灵活、驱动性能、轮胎承重等有关。

任务实施：电动汽车基本参数检测

一、汽车尺寸的检测与试验

1. 检测与试验标准

GB/T 12673—2019《汽车主要尺寸测量方法》（见图 2-3）规定了汽车尺寸测量方法。

标准于2019年发布，由TC114（全国汽车标准化技术委员会）归口上报，TC114SC19（全国汽车标准化技术委员会整车分会）执行，主管部门为工业和信息化部。

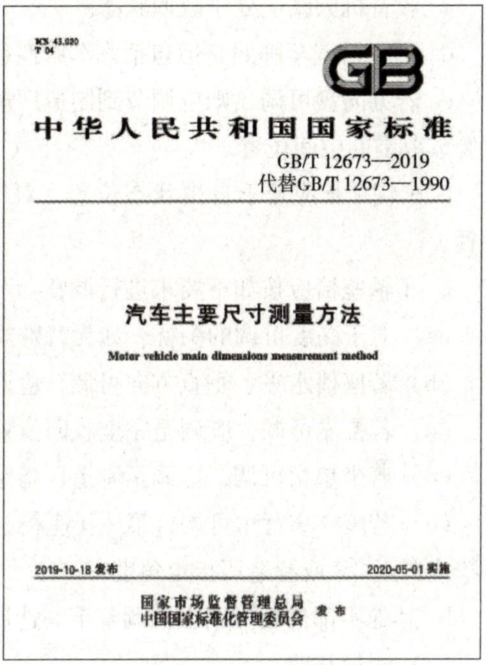
GB
中华人民共和国国家标准
GB/T 12673—2019
代替GB/T 12673—1990
汽车主要尺寸测量方法
Motor vehicle main dimensions measurement method
2019-10-18 发布
2020-05-01 实施
国家市场监督管理总局
中国国家标准化管理委员会 发布

资源2-4 汽车尺寸参数检测的标准

图2-3 GB/T 12673—2019《汽车主要尺寸测量方法》

主要起草单位有：一汽丰田技术开发有限公司、卡达克机动车质量检验中心（宁波）有限公司、柳州五菱汽车工业有限公司、安徽江淮汽车集团股份有限公司、华晨汽车集团控股有限公司、中国第一汽车集团有限公司、中国汽车技术研究中心有限公司、东风汽车有限公司、东风日产乘用车公司、上汽通用五菱汽车股份有限公司、泛亚汽车技术中心有限公司、观致汽车有限公司、上海机动车检测认证技术研究中心有限公司、北汽福田汽车股份有限公司、奇瑞汽车股份有限公司、长城汽车股份有限公司。

2. 检测与试验流程

1）测量准备

（1）测量场地。

测量场地应具有水平坚硬覆盖层的支撑表面。

资源2-5 汽车尺寸参数检测准备

（2）车辆状态。

①若无特殊规定，应在车辆整备质量下测量。对于部分尺寸测量时，可在搭载部分必要测量仪器及1~2名测量人员下进行。

②汽车转向车轮应以直线前进状态置于测量场地上。

③汽车轮胎气压应符合设计要求。

④若无特殊规定，汽车装有可调节或可活动零部件时，应按如下规定状态进行测量：

a. 货箱栏板应处于关闭状态。

b. 车门、发动机罩、行李厢盖和通风孔盖等均为关闭状态。

c. 收音机天线应处于收回状态。

d. 不包括汽车牌照,但包括汽车牌照板(架)。

e. 若方向盘可调,则应调节到制造厂规定的位置,如果制造厂没有规定,则应调节到可调节范围的中间位置。

f. 车辆踏板应处于自由状态位置,对于可调节踏板,应调至制造厂指定或向前最大位置。

g. 车辆座椅应按如下要求进行调整:

(a) 对于高度可调的头枕,如无特殊规定,应调至最高位置;

(b) 若座椅水平、垂直方向可调,应调至 R 点位置或制造厂指定位置;

(c) 若腰靠可调,应调至完全收回位置;

(d) 若坐垫角可调,应调至制造厂指定角度;

(e) 若座椅靠背角可调,第一排座椅应调至 22°或制造厂指定角度,第二排、第三排座椅应调至 25°或制造厂指定角度。

h. 其他零部件若可调也应调整至制造厂指定位置。

(3) 测量基准。

①若无特殊规定,长度应在与 X 向平行的直线上测量;宽度应在与 Y 向平行的直线上测量;高度应在与 Z 向平行的直线上测量。

②若车辆两侧位置对称,可只测左侧或右侧。

③若无特殊规定,车辆内部尺寸应在乘员中心面上测量。当使用 H 点测量装置测量时,宜采用 HPM-Ⅱ,腿长调至第 95 百分位的位置测量。为使测量保持一致,宜使用附录 B 给出的座椅 H 点行程路径公式。

④长排距、标准排距、短排距座椅类型的确定方法见 GB/T 12673—2019《汽车主要尺寸测量方法》中附录 C,长排距、标准排距座椅测量时 H 点测量装置推荐采用第 95 百分位,其他排距可由制造厂指定。

(4) 测量工具的精度要求。

测量时可采用直接或间接测量的装置进行测量,测量工具的单位及精确度如表 2-3 所示。

表 2-3 测量工具的单位及精确度

测量工具	单位	精确度
长度测量工具	mm	±1 mm
宽度测量工具	mm	±1 mm
高度测量工具	mm	±1 mm
角度测量工具	(°)	±1°

2）检测内容

（1）长度尺寸的检测。

按 GB/T 12673—2019《汽车主要尺寸测量方法》要求对汽车的长度尺寸进行检测，如表 2-4 和图 2-4 所示。

表 2-4 外部尺寸——长度测量方法

尺寸编码	名称	测量方法
L101	轴距	测量分别过车辆同一侧相邻两车轮轮心的 X 平面之间的距离
L103	车长	测量分别过车辆前后最外端点的两 X 平面间的距离
L104	前悬	测量分别过车辆最前端点和前轮中心的两 X 平面之间的距离
L105	后悬	测量分别过车辆后轮中心和车辆最后端点的两 X 平面之间的距离

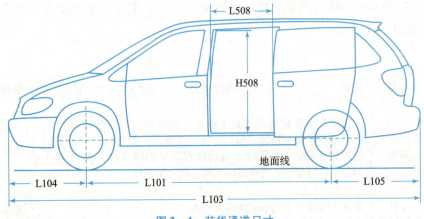

图 2-4 装货通道尺寸

（2）宽度尺寸的检测。

按 GB/T 12673—2019《汽车主要尺寸测量方法》要求对汽车的宽度尺寸进行检测，如表 2-5 和图 2-5 所示。

表 2-5 外部尺寸——宽度测量方法

尺寸编码	名称	测量方法
W101	轮距	测量地面上两轮胎中心线间沿 Y 向的距离
W101-1	前轮距	测量两前轮胎在车辆地面上留下轨迹的中心线间距离
W101-2	后轮距	测量两后轮胎在地面上留下轨迹的中心线间距离。对于双后轮车辆，则测量两个双后轮中心平面间的距离
W103	车宽	测量过车辆两侧固定突出部位最外侧点且平行于 Y 平面的两平面之间的距离

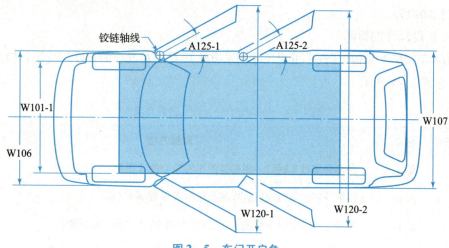

图 2-5 车门开启角

(3) 高度尺寸的检测。

按 GB/T 12673—2019《汽车主要尺寸测量方法》要求对汽车的高度尺寸进行检测,如表 2-6 和图 2-6 所示。

表 2-6 外部尺寸——高度测量方法

尺寸编码	名称	测量方法	载荷状况
H100	车顶距地高度	测量车顶棚到地面的最大距离(通常是白车身的车顶)。包括基本设备如封闭式软顶,封闭式硬顶,关闭的天窗和固定的全景天窗。测量时不包括所有突出的硬件和装饰(例如,车顶行李架、行车灯、天线、扰流板等)	整备质量
H101	车高	测量车辆最高点到地面的最大距离	整备质量

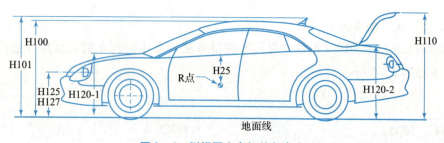

图 2-6 侧视图上车辆外部高度

3) 试验方法

(1) 长度尺寸的检测。

按 GB/T 12673—2019《汽车主要尺寸测量方法》要求对汽车的长度尺寸进行检测。

① 车长。

确定车辆最前与最后端点(一般为 BYD 车标中 Y 字母正下方车身处端点),将前后端点用线坠（或钢卷尺）向地面投影，用粉笔在地面投影点作标记，用钢卷尺测量两地面投影点之间的距离即为车长。

②轴距。

方法一：确定前轮中心点与后轮中心点（一般为车轮轮心），将前轮中心点与后轮中心点用线坠（或钢卷尺）向地面投影，用粉笔在地面投影点作标记。用钢卷尺测量两地面投影点之间的距离即为轴距。

方法二：确定前轮中心点与后轮中心点（一般为车轮轮心），用钢卷尺测量前轮中心点与后轮中心点之间的距离即为轴距。

(2) 宽度尺寸的检测。

按 GB/T 12673—2019《汽车主要尺寸测量方法》要求对汽车的宽度尺寸进行检测。

①车宽。

确定车辆最左侧与最右侧端点（一般为前轮中心点（或后轮中心点）正上方轮罩上对应点），将两侧端点用线（或钢卷尺）坠向地面投影，用粉笔在地面投影点作标记，用钢卷尺测量两地面投影点之间的距离即为车宽。

②前（后）轮距。

方法一：确定左前（后）轮中心线与右前（后）轮中心线（一般为车轮端面正中线或正中沟线），取左前（后）轮中心线与右前（后）轮中心线上同等高度的一点，并用线（或钢卷尺）坠向地面投影，用粉笔在地面投影点作标记。用钢卷尺测量两地面投影点之间的距离即为前（后）轮距。

方法二：确定左前（后）轮中心线与右前（后）轮端面中心线（一般为车轮端面正中线或正中沟线），取左前（后）轮中心线与右前（后）轮中心线上同等高度的一点，在车身下方钢卷尺可直接拉过的条件下，用钢卷尺直接测量两点之间的距离即为前（后）轮距（注意钢卷尺保持水平）。

3. 检测与试验案例

1）试验准备

试验设备和工具：汽车一辆、轮重仪、砝码、卷尺和坡度规等。

试验原理：按国家标准规定的试验方法进行试验。

2）试验方法和步骤

汽车的结构参数的测量方法：

测量前，须将车摆正，放在水平干燥的柏油或水泥路面上，将车辆的外廓尺寸投影在地面上（或垂直墙壁）上进行测量，或直接测量车辆的外廓尺寸、内部尺寸、人机工程参数，所用仪器是皮卷尺、钢板直尺、铅锤和粉笔等。

二、汽车质量的检测与试验

1. 检测与试验标准

GB/T 12674—1990《汽车质量（重量）参数测定方法》（见图2-7）规定了汽车质量试验方法。标准于1990年发布，由TC114（全国汽车标准化技术委员会）归口上报及执行，主管部门为工业和信息化部。主要起草单位为中国汽车技术研究中心。

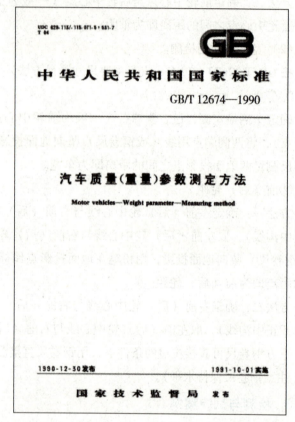

图2-7 GB/T 12674—1990《汽车质量（重量）参数测定方法》

资源2-6 汽车质量参数的检测

2. 检测与试验流程

1）测量准备

（1）测量设备。

地秤或车轮负荷计（见图2-8和图2-9），精度为0.5%。

①使用地秤时，秤台面积应能容纳全部被测汽车车轴，秤台出入口地面应与台面保持同一水平面；

②使用车轮负荷计时，应保证各车轮负荷计的上平面在同一水平面内。

图2-8 10 t汽车地秤

图2-9 多轮轴重仪

（2）被测车辆必须清洁。

（3）无特殊规定时，一般测定空车及满载两种情况。

（4）测量时，车辆要停稳，发动机熄火，变速器置于空挡，制动器放松。

（5）其余测定条件，按GB/T 12534汽车道路试验方法通则的规定。

2）检测方法

（1）使用地秤测量时，汽车先从一个方向低速驶上秤台，依次测量各轴轴载质量（重量），整车质量（重量）；然后汽车调头，从相反方向驶上秤台，依次测量前述几个参数。

（2）使用车轮负荷计测量时：

①首先将各车轮负荷计标零；

②汽车驶向车轮负荷计，分别测出各轴轴载质量（重量）和整车质量（重量）。

3）检测数据处理

（1）车轮负荷计法一次显示值，不必计算。

（2）地秤法计算如下：

对于整车重量，取两个方向驶上台秤测得整车质量的平均值。

对于轴载质量，取两个方向驶上台秤测得该轴的轴载质量的平均值。

3. 检测与试验案例

1）试验准备

试验设备和工具：汽车一辆、轮重仪、砝码、卷尺和坡度规等。

试验原理：按国家标准规定的试验方法进行试验。

2）试验方法和步骤

汽车的质量参数的测定方法和步骤如下。

（1）试验技术条件。

①车辆准备工作。

车辆的技术状况应符合"车辆的一般试验条件"的规定。应清洗车辆，除净所有的泥土、污物。车辆（包括专用设施中）的各种燃料、润滑油、工作油液、冷却水以需加足，各用油箱及各总成的其他油液也必须按规定充满。

②装载质量。

试验车辆的装载质量为厂定最大装载质量，装载物应均匀分布且固定牢靠，试验过程中不得晃动和颠离；不应因潮湿、散失等条件变化而改变其质量，以保证装载质量的大小、分布不变。

③试验道路。

除对道路有特殊要求的试验项目外，试验道路应为用沥青或混凝土铺装的清洁、干燥、平坦的直线道路，道路长 2~3 km，宽不小于 8 m，纵向坡度在 0.1% 以内。

（2）汽车的质量参数的试验步骤。

①空载的质量参数的试验步骤。

车辆空载，首先从一个方向低速驶上秤台，依次测量前轴、后轴质量。当秤台面较大时，可依次测量前轴、整车和后轴质量。然后，车辆掉头，从反方向低速驶上秤台按上述程序重复测量前述几个参数。以两次平均值作为测量结果。为保证测量精度，秤台出入口地面应与台面保持同一水平。

测量时，车辆要停稳，发动机熄火，变速器置于空挡，制动器放松，不允许用三角木顶车轮。

②满载的质量参数的试验步骤。

满载时，货厢内的载荷物装载应均匀，驾驶员和乘客座椅上放置 65 kg 的砂袋代替乘员质量。用上述相同的方法分别测量满载的前轴、整车和后轴质量。

多轴车辆，前轴或后轴质量是指双轴轴载质量，半挂车轴载质量是指挂车全部轴荷质量。

③质心水平位置的测定方法。

根据前面测定的轴载质量和轴距，按下式计算出车辆质心离前轴或后轴的中心线距离（空载或满载）。

$$a = \frac{m_2 \times L}{m_1 + m_2}, \quad b = \frac{m_1 \times L}{m_1 + m_2}$$

式中，L 为轴距，mm；a、b 分别为车辆质心至前轴、后轴中心线距离（空载或满载），mm；m_1、m_2 分别为前轴、后轴轴载质量（空载或满载），kg。

拓展学习：汽车尺寸参数检测的目的

一、汽车尺寸参数检测的目的

（1）检验新试制或现生产汽车的结构是否符合设计要求，从中发现设计、制造及装配中的问题。

资源 2-7 汽车尺寸参数检测的目的

(2) 测定未知参数的样车尺寸，为汽车设计师提供参考数据。

(3) 对进行可靠性、耐久性试验的汽车进行主要尺寸参数的测定，评价其尺寸参数在试验过程中保持原技术状态的能力，为进一步提高汽车的可靠性和耐久性提供依据。

二、电动汽车基本参数的优化及比亚迪运用车型举例

车身尺寸能比较直接地反映车内空间表现，毕竟车身尺寸决定了车辆内部空间的上限，许多人在购车的时候都会关注轴距参数。一般来说，更长的轴距会带来更好的后排空间表现。轴距指的是车辆前、后轴之间的距离，汽车座舱就是安置在这一部分，因此在传统印象中，轴距越大就意味着座舱更长、空间更大。

比亚迪秦 Pro 推出了燃油/DM/EV 三种动力版本，其中，比亚迪秦 Pro DM 版本共推出 6 款车型。外观上新车采用 Dragon Face 设计理念，简约的内饰风格搭配木纹饰板装饰，有效提升质感。新款比亚迪秦 Pro DM 版与老款比亚迪秦 DM 版相比不仅看起来更加美观，C 柱处还多了一扇小窗。车顶部的线条十分流畅，与老款车型相比更有运动范儿，更重要的是新款秦 Pro 更改了车身尺寸，使得车辆空间更为宽敞、舒适（见图 2-10）。

	■ 车身尺寸	■ 车身尺寸	■ 差值
长	4 765 mm	4 740 mm	+25 mm
宽	1 837 mm	1 770 mm	+67 mm
高	1 495 mm	1 480 mm	+15 mm
轴距	2 718 mm	2 670 mm	+48 mm

图 2-10 新款比亚迪秦 Pro DM 版与老款比亚迪秦 DM 版尺寸对比

比亚迪新款秦 Pro DM 版的长、宽、高分别为 4 765 mm、1 837 mm、1 495 mm，轴距为 2 718 mm，相比现款在尺寸上增加了不少。（现款秦 DM 版的长、宽、高为 4 740 mm、1 770 mm、1 480 mm，轴距为 2 670 mm）由于新款秦 Pro DM 版的轴距更长，因此乘坐舒适性将会更好。

除了比亚迪秦 Pro 对车身尺寸进行了修改之外，比亚迪即将发售的全新 SUV 车型元 Plus（见图 2-11），也比元 Pro 轴距要大。元 Pro 的定位是小型 SUV，但是在比亚迪发布

的预告图中元 Plus 要远远大于元 Pro，轴距更是达到了 2 720 mm，定位紧凑级 SUV。宽度及轴距相比王朝家族中的宋、元 Pro 更加宽大，这意味着新车的乘坐空间优势更为明显。尽管比亚迪元 Plus 在内饰、配置方面的具体信息仍待公布，但仅从新车现有的表现来看，更为个性、精致的造型设计，更宽敞的乘坐空间以及它所搭载的比亚迪刀片电池，就已经足够领先于同级大部分对手了。

图 2-11　新款比亚迪元 Plus 侧视图

1. 什么是汽车的基本参数？
2. 汽车尺寸参数的评价指标是什么？
3. 汽车质量参数的评价指标是什么？
4. 什么是车辆坐标系和尺寸编码？
5. 电动汽车基本参数的试验标准是什么？
6. 汽车尺寸参数检测的目的是什么？

学习任务三
电动汽车动力性能检测

本章概述

  汽车的动力性作为影响汽车性能的重要指标，在行车过程中起着举足轻重的作用，因此学习电动汽车动力性能检测的标准及检测方法也是判断电动汽车综合性能中非常关键的一环。本章围绕汽车动力性，探讨了其检测参数及相应的检测方法。

  在本章内容中，需要同学们掌握的知识主要包括：①了解动力性的概念及评价指标；②理解影响电动汽车动力性的主要因素。需要掌握的能力主要包括：①能够对我们电动汽车的动力性能进行测试；②能够对电动汽车的动力性能进行客观的评价。

学习项目任务分解

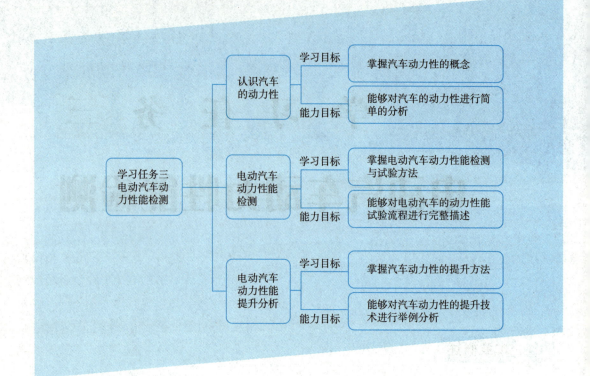

知识储备：认识汽车的动力性

一、汽车动力性概念

汽车的动力性是指汽车在良好路面上直线行驶时，由汽车受到的纵向外力决定的所能达到的平均行驶速度。汽车是一种高效率的运输工具，运输效率之高低很大程度上取决于汽车的动力性。所以，动力性是汽车各种性能中最基本、最重要的性能。

资源3-1　了解动力性的概念

二、汽车动力性评价方法及评价指标

从获得尽可能高的平均行驶速度出发，汽车的动力性主要有以下3个评价指标。

1. 汽车的最高车速

最高车速是指在水平良好的路面（混凝土或沥青）上，汽车能达到的最高行驶速度。目前最快的汽车为如图3-1所示的由英国人设计制造的超声速推进号汽车，该车创下平均车速1 227.99 km/h的纪录。

2. 汽车的加速时间

汽车的加速时间表示汽车的加速能力，它对平均行驶车速有很大影响。常用原地起步加速时间与超车加速时间来表明汽车的加速能力（见图3-2）。

图3-1　超声速推进号

图3-2　日本纯电超级跑车 Aspark Owl
注：该车0~96 km/h加速时间在1.69 s以内

原地起步加速时间，指汽车由静止起步，并以最大的加速强度到某一预定的距离或车速所需的时间。

超车加速时间，指以最大的加速度由某一较低车速全力加速至某一高速所需的时间。由于超车时两车并行，容易发生安全事故，因此超车加速能力强，并且行程短，行驶就安全。一般常用 0~400 m 或 0~100 km/h 所需的时间来表明汽车的原地起步加速能力。对超车加速能力还没有统一的规定，采用较多的是用最高挡或次高挡，由某一中等车速全力加速行驶至某一高速所需的时间。

3. 汽车的最大爬坡度

汽车满载时，在良好路面上的最大爬坡度，表示汽车的上坡能力。轿车最高车速大，加速时间短，经常在较好的道路上行驶，一般不强调它的爬坡能力（见图 3-3）。货车在各种地区的各种道路上行驶，所以必须具有足够的爬坡能力。实际上，最大爬坡度代表了汽车的极限爬坡能力，它应比实际行驶中遇到的道路最大爬坡度超出很多。这是因为应考虑到在坡道上停车后，顺利起步加速、克服松软坡道路面的大阻力等要求的缘故。一般货车最大爬坡度在 30% 即 16.7°左右。越野汽车要在坏路或无路条件下行驶，因而爬坡能力是一个很重要的指标，它的最大爬坡度可达 60% 即 31°左右。

图 3-3 爬坡能力展示

汽车动力性评价方法及评价指标 —— 汽车的最高车速／汽车的加速时间／汽车的最大爬坡度

三、影响汽车动力性的因素分析

1. 汽车的驱动力与行驶阻力分析

确定汽车的动力性，就是确定汽车沿行驶方向的运动状况。为此需要掌握沿汽车行驶方向作用于汽车的各种外力，即驱动力与行驶阻力（见图 3-4）。根据这些力的平衡关系，建立汽车行驶方程式，就可以估算汽车的各项动力性能指标。

资源 3-2 影响汽车动力性的因素

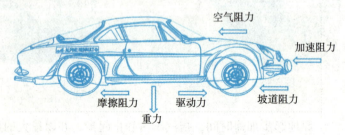

图 3-4 汽车驱动力与行驶阻力

汽车的行驶方程式为：
$$F_t = \sum F$$

式中：F_t——汽车驱动力；

$\sum F$——行驶阻力之和。

2. 汽车的行驶方程式与汽车行驶条件

1）汽车行驶方程式

根据上节分析的汽车各行驶阻力，可以得到汽车的行驶方程式为：
$$F_t = F_f + F_w + F_i + F_j$$

式中：F_f——与地面摩擦产生的滚动阻力；

F_w——行进中的空气阻力；

F_i——汽车坡度阻力；

F_j——汽车加速阻力。

2）汽车的行驶条件

由汽车的行驶方程可见，驱动力必须大于滚动阻力、空气阻力和坡度阻力之和，才能加速行驶。若驱动力小于这三个阻力之和，则汽车无法开动，正在行驶中的汽车将减速直至停车。因此，汽车行驶的驱动条件为：
$$F_t \geq F_f + F_w + F_i$$

3. 汽车本身结构因素

（1）驱动电机参数的影响。

（2）传动系统的影响。

（3）汽车外形的影响。

（4）汽车质量的影响。

4. 汽车运行的外部条件因素

（1）气候条件的影响。

（2）高原山区的影响。

（3）道路条件的影响。

任务实施：电动汽车动力性能检测

一、电动汽车最高车速的检测与试验

1. 检测与试验标准

GB/T 18385—2005《电动汽车动力性能试验方法》规定了电动汽车最高车速试验的

方法，见图3-5。标准于2005年发布，归口单位为全国汽车标准化技术委员会，由工业和信息化部（电子）主管。

比亚迪的企业标准依照 GB/T 18385—2005《电动汽车动力性能试验方法》实行。用 VBOX 数据采集系统测量车辆的最高车速。

图3-5　GB/T 18385—2005
《电动汽车动力性能试验方法》

资源3-3　电动汽车最高
车速试验标准

2. 检测与试验流程

1）试验条件

（1）试验质量。

电动汽车整车整备质量：包括车载储能装置在内的整车整备质量。试验质量为整备质量和试验所需附加的质量之和，附加质量分别为：

①如果最大允许装载质量小于或等于180 kg，该质量为最大允许装载质量；

②如果最大允许装载质量大于180 kg，但小于360 kg，该质量为180 kg；

③如果最大允许装载质量大于360 kg，该质量为最大允许装载质量的一半。

（2）车辆条件。

试验前，试验车辆应至少用安装在试验车辆上的动力蓄电池行驶300 km。

(3)环境温度条件。

20℃~30℃室温下进行室内试验。室外试验大气温度为5℃~32℃,大气压力为91~104 kPa。高于路面0.7 m处的平均风速小于3 m/s,阵风风速小于5 m/s。相对湿度小于95%。试验不能在雨天和雾天进行。

(4)道路条件。

①一般条件。

试验应该在干燥的直线跑道或环形跑道上进行。路面应坚硬、平整、干净且要有良好的附着系数。

②直线跑道。

测量区的长度至少1 000 m。加速区应足够长,以便在进入测量区前200 m内达到稳定的最高车速。测量区和加速区的后200 m的纵向坡度均不超过0.5%。加速区的纵向坡度不超过4%。测量区的横向坡度不超过3%。

为了减少试验误差,试验应在试验跑道的两个方向上进行,尽量使用相同的路径。

③环形跑道。

环形跑道的长度应至少1 000 m。弯道的曲率半径应不小于200 m。测量区的纵向坡度不超过0.5%。

(5)动力蓄电池的初次充电。

动力蓄电池的充电按照车辆制造厂的要求或在环境温度为20℃~30℃充电。

12 h即为充电结束的标准,或者最长充电时间为:3×制造厂规定的蓄电池能量(kW·h)/电网供电功率(kW)。

2)试验顺序

试验车辆应以制造厂估计的30 min最高车速的80%速度行驶5 000 m,使电机及传动系统预热。按下列顺序安排试验,使所有的性能试验可以在2天内完成:

第1天:车辆准备、30 min最高车速试验、蓄电池完全放电。

第2天(每项试验连续进行):车辆准备、最高车速试验、蓄电池40%放电、加速性能试验、4%和12%的爬坡车速试验、坡道起步能力试验。

试验应按照上述试验顺序进行,每项试验开始时,蓄电池的荷电状态是前一项试验后的状态。

如果每项试验都单独进行,最高车速、30 min最高车速试验开始时,蓄电池应处于完全充电的90%~100%。而加速性能、爬坡车速、坡道起步能力试验开始时,蓄电池应处于完全充电的50%~60%。

3)试验方法

(1)30 min最高车速试验。

30 min最高车速的试验可以在环形跑道上进行,也可以在按照GB 18352.1设定的底盘测功机上进行。

①将试验车辆加载到试验质量，增加的载荷应合理分布。

②按规定对车辆进行准备。

③使试验车辆以该车 30 min 最高车速估计值 ±5% 的车速行驶 30 min。试验中车速如有变化，可以通过踩加速踏板来补偿，从而使车速符合 30 min 最高车速估计值 ±5% 的要求。

④如果试验中车速达不到 30 min 最高车速估计值的 95%，试验应重做，车速可以是上述 30 min 最高车速估计值或者是制造厂重新估计的 30 min 最高车速。

⑤测量车辆驶过的里程 S_1，单位：m。并按下式计算平均 30 min 最高车速 V_{30}，单位：km/h。

$$V_{30} = S_1/500$$

（2）蓄电池完全放电。

完成 V_{30} 试验之后，试验车辆停放 30 min，然后以 V_{30} 的 70% 恢复行驶，直到车速下降到当加速踏板踩到底时，车速为 ($V_{30} \pm 10$) km/h 的 50%，或直到仪表板上的信号装置提示驾驶员停车，记录行驶里程。计算总的行驶里程，包括预热阶段的行驶里程、V_{30} 试验时的行驶里程、完全放电时的行驶里程。

（3）最高车速试验。

标准试验程序如下：

①将试验车辆加载到试验质量，增加的载荷应合理分布。

②按规定对车辆进行准备。

③在直线跑道或环形跑道上将试验车辆加速，使汽车在驶入测量区之前能够达到最高稳定车速，并且保持这个车速持续行驶 1 km（测量区的长度）。记录车辆持续行驶 1 km 的时间 t_1。

④随即做一次反方向的试验，并记录通过的时间 t_2。

⑤按下式计算试验结果：

$$V = 3\ 600/t$$

式中：V——实际最高车速，单位为千米每小时（km/h）；

t——持续行驶 1 km 两次试验所测时间的算术平均值 $(t_1 + t_2)/2$，单位为秒（s）。

3. 检测与试验案例

1）试验准备

适用于纯电动汽车的最高车速性能试验。

最高车速（1 km）：电动汽车能够往返各持续行驶 1 km 以上距离的最高车速的平均值；

进行试验之前需要先做好以下试验准备：

（1）车辆状态。

①在环境温度下，车辆轮胎气压应符合车辆制造厂的规定。

②机械运动部件用润滑油黏度应符合制造厂的规定。

③车上的照明、信号装置以及辅助设备应该关闭，除非试验和车辆白天运行对这些装置有要求。

④除驱动用途外，所有的储能系统应充到制造厂规定的最大值（电能、液压、气压等）；

⑤车辆应清洁，对于车辆和驱动系统的正常运行不是必需的车窗和通风口应该通过正常的操作关闭。

⑥试验驾驶员应按车辆制造厂推荐的操作程序使蓄电池在正常运行温度下工作。

⑦试验前 7 天内，试验车辆应至少用安装在试验车辆上的蓄电池行驶 300 km。

（2）试验场地。

①一般条件：试验应在干燥的直线跑道或环形跑道上进行。路面应坚硬、平整、干净且要有良好的附着系数。

②直线跑道：测量区域至少 1 000 m，加速区应足够长，以便在进入测量区前 200 m 内达到稳定的最高车速，测量区和加速区的后 200 m 的纵向坡度均不能大于 0.5% 坡度。加速区的纵向坡度不超过 4%。测量区的横向坡度不超过 3%。

为了减少试验误差，试验应在试验跑道上的两个方向上进行，尽量使用相同的路径。当条件不允许在两个方向进行试验时，可按照单一方向进行试验。

③环形跑道：环形跑道的长度应至少 1 000 m。环形跑道与完整的圆形不同，它由直线部分和近似环形的部分相接而成。环形的曲率半径应不小于 200 m。

④单一方向试验：如果由于试验路面的布置特点，车辆不可能在两个方向达到最高车速，只允许在一个方向进行测量，应满足以下条件：

a. 试验跑道应满足②的要求；

b. 测量区内任何两点的高度差不能超过 1 m；

c. 风速与试验道路平行方向的风速分量不能超过 2 m/s。

（3）电动汽车试验质量。

如果最大允许装载质量小于或等于 180 kg，则该质量为最大允许装载质量；

如果最大允许装载质量大于 180 kg，但小于 360 kg，则该质量为 180 kg；

如果最大允许装载质量大于 360 kg，则该质量为最大允许装载质量的一半。

备注：最大允许装载质量包括驾驶员质量。

（4）环境条件。

室外试验环境温度应在 5℃~32℃，室内试验环境温度在 20℃~30℃，大气压力为 91~104 kPa。高于路面 0.7 m 处的平均风速小于 3 m/s，阵风风速小于 5 m/s。相对湿度小于 95%。试验不能在雨天和雾天进行。

（5）试验仪器及安装调试。

如果使用电动汽车上安装的车速表、里程表来测定车速和里程时，试验前必须按

GB/T 12548 进行误差校正。VBOX 数据采集系统，按仪器操作手册安装、调试试验仪器。试验仪器安装首先需要一个 VBOX 主机，主机样型及内部配置如图 3-6 所示。

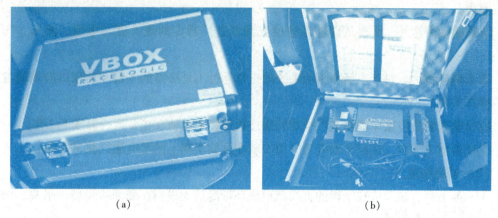

(a)　　　　　　　　　　　　　　(b)

图 3-6　VBOX 主机样型及内部配置

其次需要将 GPS 天线安装在车顶合适的位置，如图 3-7 所示；天线另一端连接在 VBOX 主机上。主机连接位置如图 3-8 所示。

图 3-7　天线车顶安装位置　　　　图 3-8　天线主机连接端口

接着选用 12 V 的车辆适配器作为 VBOX 的电源，主机连接"POWER"端口，如图 3-9 所示。

图 3-9　电源适配器连接端口

然后将设备通过车辆诊断口与 CAN 总线连接，主机连接端口为"SER"端口，如图 3 – 10 所示。

最后主机连接 USB 端口或采用蓝牙配对连接连接线束，如图 3 – 11 所示，完成主机与上位机的连接。

图 3 – 10　CAN 总线与主机连接端口

图 3 – 11　USB 连接端

（6）车辆预热

①按照车辆制造厂规定的充电规程，使蓄电池达到完全充电的状态。

②试验车辆上的里程表应设置为 0，或记录里程表上的读数。

③试验车辆应以制造厂估计的 30 min 最高车速的 80% 速度行驶 5 000 m，使电机及传动系统预热。

④记录试验时的气象条件，包括气温、空气、湿度、风速、大气压力。

⑤检查空调、灯光（为满足汽车行驶安全需要可打开车灯）等电器负荷保持关闭状态，关闭车窗。

⑥最高车速（1 km）：30 min 最高车速试验开始时，蓄电池应处于安全充电的 90%~100%。

（7）试验方法和步骤。

①双击电脑桌面上的 VBOX 软件 ，打开数据采集系统软件，界面如图 3 – 12 所示。

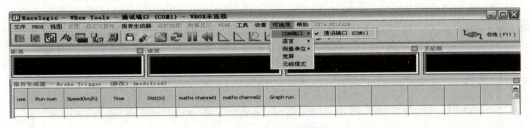
图 3 – 12　VBOX 软界面

②单击菜单栏"可选项",选择相应的 COM 端口,将笔记本与 VBOX 进行连接,如图 3-13 所示。

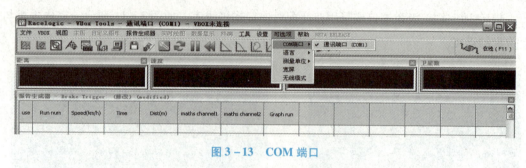

图 3-13　COM 端口

③确认 VBOX 通信正常后,单击报告生成器按钮 ,然后单击 按钮,如图 3-14 所示。

④进入数据采集开始、结束条件及步长设置界面,如图 3-15 所示。

图 3-14　报告生成器界面　　　　　　　图 3-15　采集设置

⑤设置完成后,单击 或按 F2 键就可以开始试验;在试验前需再次确认设备和主机连接情况。

(8)数据采集。

将试验车辆加载到试验质量,增加的载荷应合理分布。在试验跑道或环形跑道上将试验车辆加速,使汽车在驶入测量区之前能够达到最高稳定车速,并且保持这个车速持续行驶 1 km(测量区的长度),并记录车辆持续 1 km 为 t_1,随即做一次反方向的试验,并记录通过的时间 t_2。数据采集界面如图 3-16 所示。

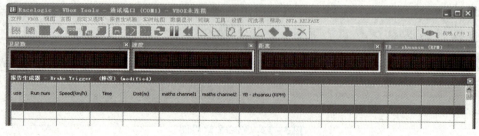

图 3-16　数据采集界面

数据采集完成后，单击软件面板按钮 ▮▮ 或按 F3 键暂停，查看数据，界面如图 3-17 所示。

图 3-17　数据采集结果

数据采集完成后如果后面有其他试验项目，则继续进行，如果没有则关闭软件、电脑，整理设备并放于指定位置，将车辆恢复到原状态。

二、电动汽车加速性能检测与试验

1. 检测与试验标准

GB/T 18385—2005《电动汽车动力性能试验方法》规定了电动汽车加速性能试验的方法。标准由于 2005 年发布，归口单位为全国汽车标准化技术委员会，由工业和信息化部（电子）主管。

比亚迪的企业标准依照 GB/T 18385—2005《电动汽车动力性能试验方法》实行。

2. 检测与试验流程

1）加速性能试验

（1）M1、N1 类纯电动汽车加速性能试验。

① 0~50 km/h 加速性能试验。

a. 将试验车辆加载到试验质量，增加的载荷应合理分布。

b. 将试验车辆停放在试验道路的起始位置，并起动车辆。

c. 将加速踏板快速踩到底，使车辆加速到（50±1）km/h。

d. 如果装有离合器和变速器，将变速器置入该车的起步挡位，迅速起步，将加速踏板快速踩到底，换入适当挡位，使车辆加速到（50±1）km/h。

e. 记录从踩下加速踏板到车速达到（50±1）km/h 的时间。

f. 以相反方向行驶再做一次相同的试验。

g. 0~50 km/h 加速性能是两次测得时间的算术平均值（单位：s）。

② 50~80 km/h 加速性能试验。

a. 将试验车辆加载到试验质量，增加的载荷应合理分布。

资源 3-4　电动汽车加速性能检测标准

b. 将试验车辆停放在试验道路的起始位置。

c. 将试验车辆加速到（50±1）km/h，并保持这个车速行驶 0.5 km 以上。

d. 将加速踏板踩到底，或使用离合器和变速杆（如果装有的话）将车辆加速到（80±1）km/h。

e. 记录从踩下加速踏板到车速达到（80±1）km/h 的时间或如果最高车速小于 89 km/h，应达到最高车速的 90%，并应在报告中记录下最后的车速。

f. 以相反方向行驶再做一次相同的试验。

g. 50～80 km/h 加速性能是两次测得时间的算术平均值（单位：s）。

（2）M_2、N_3 类纯电动汽车加速性能试验（M、N 类车以外的纯电动汽车可参照执行）。

① 0～30 km/h 加速性能试验。

a. 将试验车辆加载到试验质量，增加载荷应均匀分布。

b. 将试验车辆停放在试验道路的起始位置，并起动车辆。

c. 将加速踏板快速踩到底，使车辆加速到（30±1）km/h。

d. 如果装有离合器和变速器，将变速器置入该车的起步挡位，迅速起步，将加速踏板快速踩到底，换入适当挡位，使车辆加速到（30±1）km/h。

e. 记录从踩下加速踏板到车速达到（30±1）km/h 的时间。

f. 以相反方向行驶再做一次相同的试验。

g. 0～30 km/h 加速性能是两次测得时间的算术平均值（单位：s）。

② 30～50 km/h 加速性能试验。

a. 将试验车辆加载到试验质量，增加的载荷应合理分布。

b. 将试验车辆停放在试验道路的起始位置。

c. 将试验车辆加速到（30±1）km/h，并保持这个车速行驶 0.5 km 以上。

d. 将加速踏板踩到底，或使用离合器和变速杆（如果装有的话）将车辆加速到（50±1）km/h。

e. 记录从踩下加速踏板到车速达到（50±1）km/h 的时间，或如果最高车速小于 56 km/h，应达到最高车速的 90%，并应在报告中记录下最后的车速。

f. 以相反方向行驶再做一次相同的试验。

g. 30～50 km/h 加速性能是两次测得时间的算术平均值（单位：s）。

3. 检测与试验案例

1）试验准备

适用于纯电动汽车的加速性能试验。

因室外测试汽车动力性能会受到道路条件、气候、驾驶员的驾驶技术等因素的影响，所以通常进行过路试后的车辆还会在室内台架上做对比试验。台架试验的测试条件更易于控制，比较适合在用车辆的检测。

汽车动力性能室内台架试验选用的仪器有底盘测功机和无外载测功仪。底盘测功机检测汽车的最大输出功率、最高车速和加速性能，无外载测功仪检测发动机功率。此部分主要介绍常见的底盘测功机。

（1）底盘测功机的结构。

底盘测功机是用于测量汽车驱动轮输出功率、扭矩和转速的专用计量设备。

汽车底盘测功机主要由道路模拟系统（见图3-18）、数据采集与控制系统（见图3-19）、安全保障系统及引导系统等构成。

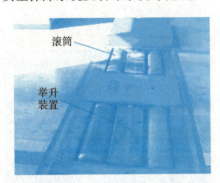

图3-18 道路模拟系统

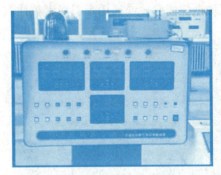

图3-19 数据采集与控制系统

（2）底盘测功机的分类。

底盘测功机分为单滚筒式底盘测功机和双滚筒式底盘测功机两类。

①单滚筒式底盘测功机。

如图3-20所示，单滚筒式底盘测功机的特点是滚筒直径大（1 500~2 500 mm）、测试精度高，但制造和安装费用较高，一般用于制造厂和科研单位。

②双滚筒式底盘测功机。

双滚筒式底盘测功机的特点是滚筒直径小（180~500 mm）、设备成本低、使用方便，但测试精度较差，一般用于汽车使用、维修行业及汽车检测线。

图3-20 单滚筒式底盘测功机

2）试验方法和步骤

运用底盘测功机对汽车进行测试的步骤如下：

（1）设备准备。

①启动系统。接通电气及工控机电源，计算机自动进入系统主菜单，包括系统录入、系统标定、举升离合、查看和结果打印五部分。每项内容包含若干下拉式子菜单，可根据需要进行选择。

②车辆数据录入。根据子菜单的提示，输入被测车辆的车牌号、车辆型号等项目。

③试验项目输入。根据子菜单的提示，选择底盘测功、滑行测试、加速测试等项目并输入相关参数。

④举升器与离合器控制。在对应项目的子菜单中,"举升"用于控制举升器升降动作。汽车驶上滚筒前,按"举升"按钮使举升器处于上升状态。"离合"用于控制滚筒结合或脱离飞轮。

⑤汽车驶上举升器板,应保证车轮与滚筒成垂直状态。再选"举升器降",令举升器下降,如图 3-21 所示。

⑥汽车停稳后,用车轮挡块顶住非驱动轮,图 3-22 所示的汽车为后轮驱动,所以用车轮挡块抵住前轮,或选用牵引绳索拉住汽车。

图 3-21 降下举升器

图 3-22 安放车轮挡块

⑦在试验后应将设备空转 1 min 以上再停止,以保证测功机散热。

(2)加速性能测试

①确认飞轮处于结合状态。

②操作计算机系统进入测试状态。

③起动汽车,驾驶员根据显示屏的提示,逐步提高车速至预定的初速度时,即迅速将油门踏板踩到底,当车速升到终止速度时,便停止加速。

④测试结束后,显示屏将显示出从初速度到终止速度期间的加速时间。

拓展学习:电动汽车动力性能提升分析

提升汽车动力性的方法主要依据汽车的技术参数与结构因素来进行分析,具体可以从以下方面考虑提升。

1. 电动汽车电动机参数

1)电动机最大功率

电动机最大功率依据电动汽车的驱动电动最大功率考虑提升。同级别的汽车,驱动电动机功率越大,最高车速越高,动力性越好。

2）电动机最大扭矩

电动机最大扭矩依据电动汽车的驱动电动最大扭矩考虑提升。同级别的汽车，驱动电机扭矩越大，汽车的加速和上坡能力越强，动力性越好。

知识拓展：传统燃油汽车与电动汽车动力输出特性比较

图 3-23 展示了传统燃油汽车的发动机外特性与电动汽车的电动机输出特性比较，通过汽车动力输出特性图，我们可以理解汽车输出功率和输出扭矩的变化，并可依据动力输出特性图对车辆动力性进行分析和对比。

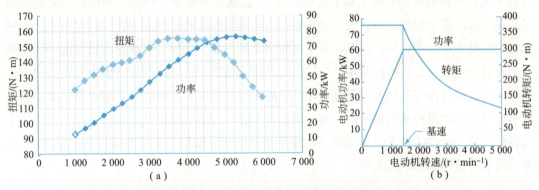

图 3-23　传统燃油汽车的发动机外特性与电动汽车的电动机输出特性
(a) 传统燃油汽车的发动机外特性；(b) 电动汽车的电动机输出特性

2. 电动汽车传动系统传动比

一般来说，电动汽车的传动系统有两种驱动方式——差速半轴驱动和电动轮驱动。

1）差速半轴驱动

差速半轴驱动（图 3-24）和传统汽车的传动系统是基本类似的。动力从电动机传出后，或经过变速器及减速器减速增扭，然后通过差速器分配到左右半轴上面并传递到驱动轮上。采用此种方案的电动汽车，其控制方式和传统汽车是一致的。电动机控制器接受速度给定（踏板）信号、制动（踏板）信号、PDRN 信号，控制电机旋转，通过机械传动装置驱动左右车轮。而在转向时，左右两侧车轮不等速，是靠差速器和半轴实现的。

2）电动轮驱动

电动轮驱动（见图 3-25）取消了传统汽车上必然存在的差速器和半轴，取而代之的是将电动机直接和车轮连接，并且是单一驱动轮对应单一电动机。实际上，我们常见的电动自行车，一般都是采用这样的动力布置，即采用轮毂电动机驱动车轮，而不经过其他机械装置的传动。电子差速代替机械差速功能，需要把转向盘转角信号送到电动机控制器，

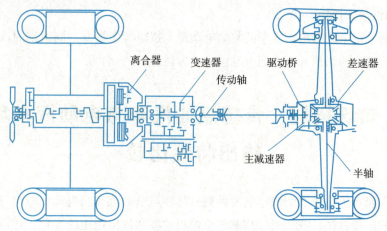

图 3-24 差速半轴驱动结构

以此来控制两侧电动轮的速度和滚过的距离，实现差速功能。传统车辆的左、右轮是通过机械式转向梯形相连接的，而电动轮驱动汽车由于各轮转矩独立可控，转弯时左、右转向轮的驱动力可以不相等。因此，对电动轮驱动的汽车，在保证直线行驶稳定的同时，理论上按照一定规律，实时控制左、右转向轮的输出转矩，将可以利用产生的驱动转向力矩实现助力转向的作用。此方案机械传动装置的体积与质量大大减小，效率显著提高，通过控制模块对电动机转速和扭矩的控制，而达到车轮不打滑、不抱死的目的，以实现传统差速器的作用。这样的电子差速系统，精简了车身结构，减低了车身质量，效率显著提高。电动轮驱动结构如图 3-25 所示。

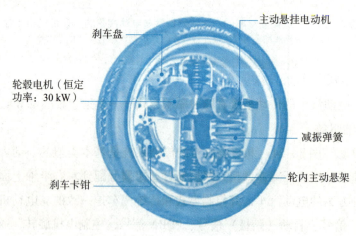

图 3-25 电动轮驱动结构

3）综合考虑

根据整车基本参数要求，综合考虑市面上可选择的电动机和电池的性能表现，电动汽车可采用固定减速比的传动方式。即电动机动力输出后，直接到达减速器，或通过差速器和车轴，传送到车轮上。实践证明，使用固定减速比的该型电动汽车的确可以通过对减速比和动力配置的优化选择，满足动力性要求。

依据电动汽车传动系统传动比考虑提升。同级别的汽车,在驱动电动机功率接近时,传动系统传动比越高,则对应的最高车速越高,其动力性越好。

3. 电动汽车外形

电动汽车外形依据汽车的传动系统挡数考虑提升。同级别的汽车,外形是否是流线型对汽车的最高车速影响很大。电动汽车的车身造型特别重视流线型,使得电动汽车的造型更加具有特色,更加丰富多彩,也使得电动汽车车身的空气阻力系数大大降低了。流线型外形对电动汽车的动力性、经济性影响十分显著,可以提高汽车的动力性。

4. 电动汽车质量

电动汽车质量依据汽车的质量考虑提升。同级别的汽车,汽车总质量增加时,道路阻力和加速阻力随之增大,汽车的动力性将随汽车总质量的增加而变差,汽车的最高行驶速度和上坡能力也下降。电动汽车大多采用复合材料来制造车身结构和车身内饰,更加轻盈且美观。由于动力电池组的质量大和动力电池组的占据的空间也很大,为减轻电动汽车的整车质量和体积,采用轻质材料、碳纤维增强树脂和复合材料等制造车身和底盘部分的总成,并且采用三维挤压成型工艺,制造出结构复杂、质量小、强度大和装卸动力电池组方便的车架,补偿因装备动力电池组而增加的负载。在底盘的布置上还要有足够的空间存放动力电池组,并且要求线路连接方便,充电方便,检查方便和装卸方便。能够实现动力电池组的整体机械化装卸。这就要求在电动汽车的底盘布置上,打破传统的内燃机汽车底盘布置模式,加大承载空间的跨度和承载结构件的刚度,并且充分考虑防止动力电池组渗出的酸或碱液对底盘结构件的腐蚀侵害。

因此,对于额定载重一定的汽车,在保证刚度与强度足够的前提下,尽量减轻自身质量,可以提高汽车的动力性。

5. 轮胎尺寸与型式

依据汽车的轮胎尺寸与型式考虑提升。同级别的汽车,汽车的驱动力与驱动轮的半径成反比,汽车的行驶速度与驱动轮半径成正比,同时,轮胎花纹对汽车的驱动力有显著影响,因而合理选用轮胎花纹与型式对汽车的动力性提升有重要意义。一般在电动汽车上采用滚动阻力小的子午线轮胎如图 3-26 所示,这种子午线轮胎的滚动阻力系数仅为 0.005,使得电动汽车的滚动阻力大大降低。

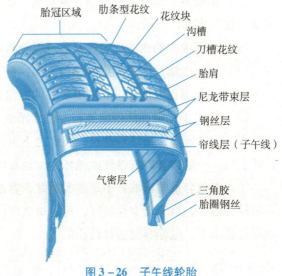

图 3-26 子午线轮胎

6. 电池的选取

纯电动汽车发展的最关键部件是动力蓄电池，应用在电动汽车上的蓄电池应满足以下几个要求：

（1）高的比能量和比功率；

（2）快速充电和深度放点能力；

（3）自放电率小，充电效率高；

（4）使用性能好，使用寿命长；

（5）工作温度范围大，安全，对环境无危害，且可回收性能好。

根据表3-1所示，我们可以总结得出：

表3-1 几种蓄电池的电池特性的性能

电池类型	单体电压/V	比能量/(W·h·kg^{-1})	比功率/(W·kg^{-1})	循环寿命/次	参考价格/(US$kW·h)
铅酸电池	2	30~45	200~300	400~600	150
镍-镉	1.2	40~60	150~350	600~1 200	300
镍-锌	1.6	60~65	150~300	600~1 200	200~350
锌空气	1.4	350	105	300~500	900~120
钠-硫	2.0	100	200	800	250~450
锂离子	3.6~4.0	550	1 500	800~1 200	>200
超级电容	1.8	10 000	>3 000	≥100 000	25 000
磷酸铁锂	3.2	550	1 500	≥2 000	>200

（1）铅酸蓄电池技术最成熟、最安全，成本也低，是电动汽车的可选动力电源，但比能量、比功率都比较低；

（2）超级纯电动汽车动力性及经济性分析电容电池的成本很高，不实惠；

（3）燃料电池是今后发展的重点方向，但目前存在成本高的问题；

（4）镍金属蓄电池要求有发展可靠的能量管理系统，系统比较复杂；

（5）锂离子（磷酸铁锂电池属于锂离子的一种）蓄电池的单体电池电压大，体积小，比功率、比能量高，循环寿命长，相比之下更能够满足电动汽车的要求。分析各种电池的优缺点后，一般选择磷酸铁锂电池作为驱动系统的动力源。

注：电池容量的选取并不是越大越好，容量越大，电动汽车续驶里程越大，但相应整车质量会越大，汽车动力性越降，对电机功率的要求越大，因此在满足电动汽车续驶里程的设计要求下，电池容量选择较小的。

提升电动汽车动力性的技术及比亚迪运用车型举例

比亚迪第三代电动机打造市场王者，兼顾低能耗和高性能。全新一代唐EV所使用的第三代永磁同步电动机最高效率达到96%，既保证了动力输出，又节省了电能，而偏重性能表现的交流感应式电动机，其效率仅为80%~90%。

高转速电动机，一般指的是转速超过 10 000 r/min 的电动机。整数 10 000 是一个阈值，它是一个不容易逾越的技术门槛。因为高于这个转速之后，整机的设计、制造、装配、保养、散热、润滑技术要求全部上一个台阶，并非所有的机械设计与制造商都能完成这项苛求精密的科目。比亚迪自主研发与制造的 15 000 r/min 高转速永磁同步电动机，拥有高转速电动机与生俱来的物理特性：体积比普通电动机更小，重量比普通电动机更轻，机体外壳强度比普通电动机更高，高强度的转子、轴、轴承也可以承受如此高的转速甚至长时间的过载。

永磁同步电动机的转子没有电流励磁，定子绕组呈现阻性负载，电动机的功率因数近于1。永磁同步电动机没有励磁部分的电流分量，整体效率更高，在高转速区间优势越发明显。永磁同步电动机的转速不随负载波动/电压波动而变化，同步控制非常简单、方便，电动机运行平稳可靠。永磁同步电动机的动态响应非常迅速，高效区的范围非常宽广，而且起动时间超短，过载能力强。由于转速严格同步，比亚迪高转速永磁同步电动机的动态响应速度远胜于普通同步电动机或异步电动机。体现到汽车动力输出之上，就会给车主带来"随传随到，人车合一"的完美动力与操控感受。

高转速永磁同步电动机的另一个物理优势是转动惯量小，这是因为电动机功率密度高，转子与其附属零部件的体积小、重量轻。因此无用功非常少，电动机噪声也非常小。

比亚迪高转速永磁同步电动机可以在"发动机"和"能量回收电动机"两个角色之间自由转换，高效率特性在两个角色之间也是兼容的。以全新一代唐 EV600 为例，其搭载的高转速永磁同步电动机最高效率达到96%，而能量回收效率也随之增加，进而促成 600 km + 的最长续驶里程。

 考核与评价

1. 什么是汽车的动力性？
2. 汽车动力性的评价指标是什么？
3. 汽车的行驶条件是什么？
4. 电动汽车动力性检测的试验标准是什么？
5. 电动汽车动力性检测的试验方法和流程有哪些？
6. 提升电动汽车动力性的方法有哪些？

学习任务四
电动汽车经济性能检测

本章概述

　　经济性能是消费者在购买汽车时一个重要的衡量指标,在传统汽车中,汽车的经济性能通常指它行驶一定的里程消耗的燃油量,我们常常看到很多汽车宣传中提到某某汽车百公里油耗是多少升。而电动汽车和传统燃油车不同,电动汽车没有内燃机,电动汽车的能耗经济性,是以电动汽车循环行驶工况为基础,以车辆行驶一定的里程的能耗,或者以一定的能耗行驶的里程数来评价,在这一章中我们将学习电动汽车经济性能检测和评价,从而更好地了解电动汽车综合性能。

　　在本章内容中,需要同学们掌握的知识主要包括:①了解电动汽车经济性的概念及评价指标;②理解影响电动汽车经济性的主要因素;③了解电动汽车经济性检测的标准、方法。需要掌握的能力主要包括:①能够对电动汽车的经济性能进行测试;②能够对电动汽车的经济性能进行客观的评价。

学习项目任务分解

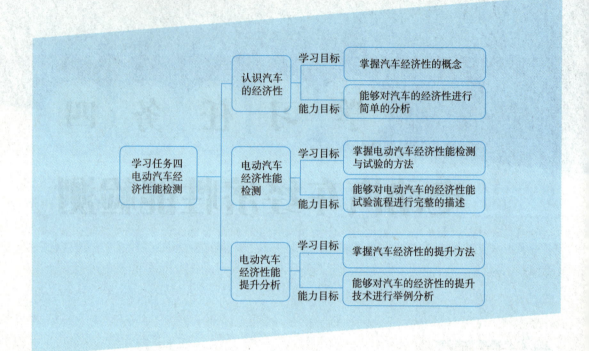

学习任务四 ▶▶▶ 电动汽车经济性能检测

知识储备：认识电动汽车的经济性

一、电动汽车经济性概念

电动汽车的经济性主要指电动汽车的能耗经济性。电动汽车的能耗经济性是以电动汽车循环行驶工况为基础，以车辆行驶一定里程的能耗或者以一定能耗行驶的里程数来评价的。

资源4-1 电动汽车的经济性概念及评价指标

二、汽车经济性评价方法及评价指标

以动力电池为能源的纯电动汽车，其评价指标包括能量消耗率和续驶里程。

1. 能量消耗率

能量消耗率指电动汽车经过规定的试验循环后对动力蓄电池重新充电至试验前的容量，从电网上得到的电能除以行驶里程所得的值，单位为 W·h/km。

2. 续驶里程

续驶里程也可以称作续航能力，是指汽车、轮船等行驶工具在最大的燃料储备下可连续行驶的总里程。电动汽车的续驶里程，指电动汽车在动力蓄电池完全充电状态下，以一定的行驶工况，能连续行驶的最大距离，单位为 km，它是电动汽车重要的经济性指标。混合动力车及铅酸电池（低速车）相对续驶里程要短。

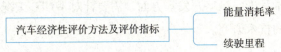

三、影响电动汽车经济性的因素分析

对于纯电动汽车而言，动力电池的电能完全来源于外部的充电，所以影响电动汽车经济性的因素有以下几个方面。

资源4-2 电动汽车经济性的影响因素分析

1. 驱动电动机的效率

驱动电动机的效率与电动汽车经济性有密切的关系，驱动电动机作为电动汽车的主要的动力输出装置，将电能转变成动能的转换效率尤为重要。

2. 传动系统的机械效率

动力电池输入与输出的效率也将直接影响电动汽车的经济性，由于能量传递过程中的摩擦损耗等影响，传动系统的机械效率对电动汽车的经济性能也非常重要，这些都将会影响到电动汽车的能耗水平。

3. 汽车质量的影响

汽车的整备质量对电动汽车能耗有重要影响，有研究表明：纯电动汽车整车的重量降低 10 kg，续驶里程就可以增加 2.5 km。所以在确保汽车强度和安全性能的基础之上，将电动汽车合理轻量化，可以提高车辆的动力性，减少电能消耗，降低排放和增加续驶里程。

4. 车辆外形的影响

纯电动汽车在行驶的过程当中，会受到阻力，尤其是空气阻力，这对续驶里程的影响也比较大。对于空气阻力可以通过改进车身的流线型来降低风阻和减少迎风面积来降低空气阻力，以降低能量消耗，这对于提高车辆动力性以及续驶里程也有着重要作用。

5. 环境温度的影响

纯电动汽车行驶过程中的环境温度会影响到整车能耗，在不同的温度下，动力电池的放电能力及内阻都会有很大的区别。温度对车辆的动力系统润滑部分、转向油泵以及热管理系统等的工作效率都会产生影响，在 CEVE 的规程测试结果表明：相较于高温的环境，低温 WLTC 工况的里程衰减和能量率增加幅度较大。因此，应改善电池包的保温密封、BMS 热管理系统的协同控制能力，提高动力电池系统在低温环境下的保温能力和快速的加热能力。

6. 行驶工况的影响

行驶工况对于纯电动汽车的能耗也有较大的影响，CEVE 规程通过实测发现，相较于 NEDC 工况，WLTC 工况设计的驾驶场景更多，车速的波动更大，没有明显的规律性，也没有周期性的加速减速，更好地体现出了在不同拥堵程度的路面车速时快时慢的情况，同时涵盖更广的速度区间，测试周期也更长，对车辆的综合性能提出了更严格的考验。对此，在产品设计、能量管理、策略开发等方面，需要针对 WLTC 工况，相较于 NEDC 工况的新特点开展进一步的技术研究。

7. 行驶车速的影响

CEVE 规程做了一些试验，在等速 120 km/h 的个高速工况下，续驶里程衰减的幅度是较大的，能量消耗率也增加得比较明显。随着当前纯电动汽车电池容量及续驶里程表现出一个不断增长的趋势，未来实际运行工况在城际间的高速占比将逐步增加，因此，优化车辆高速工况下的能量管理策略，考虑使用多挡化的电驱动系统、双电机耦合驱动等措施来满足车辆城际间的一个交通需求。

8. 其他方面

动力电池的热管理系统、电驱动热管理系统、乘员空调系统以及其他的一些设备冷却系统，共同构成了我们纯电动汽车的热管理系统。在不同的环境温度下，整车的热管理系统能耗差异性是比较大的，比如在低温的环境下，乘员舱的采暖以及电池包的加热要消耗大量的能量，进而导致整车的能耗急剧增加，对此，可以采用高温回路余热的回收、热泵等热管理节能技术有效改善低温适应性,降低电动汽车的低温能耗。

附件的功耗对电动汽车的能耗也会产生比较重要的影响。变压器仪表、风扇及水泵等这些附件的功耗也会对电动汽车的能耗产生一些影响,所以通过设计对这些附件进行合理匹配,从而达到降低功耗的目的。

四、电动汽车经济性能检测 NEDC 工况

1. 总则

根据标准 GB/T 18386—2017《电动汽车能量消耗率和续驶里程试验方法》附录 B,总则如下:

试验循环由 4 个市区循环和 1 个市郊循环程序组成,理论试验距离为 11.022 km,时间为 19 min 40 s。图 4-1 所示为试验循环的组成。

资源 4-3　电动汽车经济性能检测 NEDC 工况

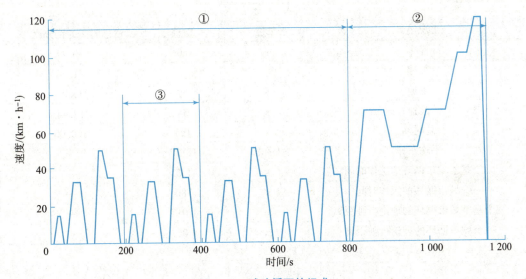

图 4-1　试验循环的组成
说明:①市区循环;②市郊循环;③基本的市区循环。
该试验循环与 GB 18352:5 中规定的试验循环一致。

2. 市区循环

市区循环(见图 4-1)由图 4-2 显示的和表 4-1 中给出的 4 个基本的市区循环组成。

根据标准 GB/T 18386—2017《电动汽车能量消耗率和续驶里程试验方法》附录 B,基本市区循环如表 4-1 所示。

3. 市郊循环

市郊循环由图 4-3 显示。

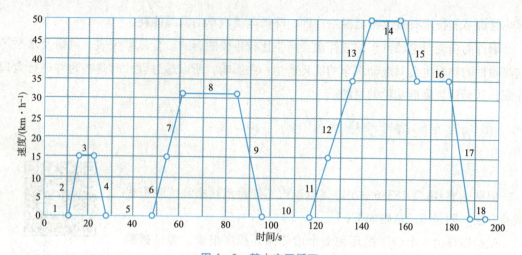

图 4-2 基本市区循环

注：图中序号为表 4-1 中给出的运转次序号。

表 4-1 基本市区循环

工况统计	单位	数值	占总时间的百分比/%
停车	s	60	30.77
加速	s	42	21.54
等速	s	59	30.26
减速	s	34	17.44
总时间	s	195	100.00
平均车速	km/h	18.77	—
一个基本城市循环的工作时间	s	195	—
一个城市循环的工作时间	s	780	—
一个基本城市循环的理论行驶距离	m	1 017	—
一个城市循环的理论行驶距离	m	4 067	—

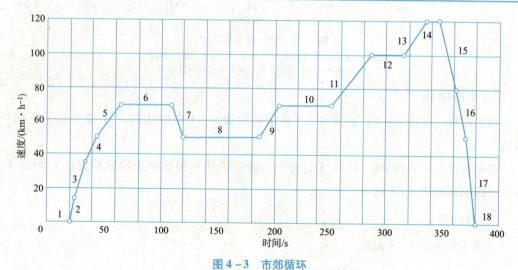

图 4-3 市郊循环

注：图中数字为表 4-2 中给出的运转次序。

根据标准 GB/T 18386—2017《电动汽车能量消耗率和续驶里程试验方法》附录 B，市郊循环如表 4-2 所示。

表 4-2　市郊循环

工况统计	单位	数值	占总时间的百分比/%
停车	s	40	10.00
加速	s	109	27.25
等速	s	209	52.25
减速	s	42	10.50
总时间	s	400	100.00
平均车速	km/h	62.60	—
工作时间	s	400	—
理论行驶距离	m	6 956	—
整个循环的平均速度	km/h	33.6	—

任务实施：电动汽车经济性能检测

一、检测与试验标准

GB/T 18386—2017《电动汽车能量消耗率和续驶里程试验方法》（见图 4-4）规定了电动汽车经济性能试验的方法。由 TC114（全国汽车标准化技术委员会）归口上报，TC114SC27（全国汽车标准化技术委员会电动车辆分会）执行，主管部门为工业和信息化部。

图 4-4　GB/T 18386—2017《电动汽车能量消耗率和续驶里程试验方法》

资源 4-4　电动汽车经济性能检测标准

主要起草单位有中国第一汽车股份有限公司技术中心、中国汽车技术研究中心、北京新能源汽车股份有限公司、比亚迪汽车工业有限公司、东风汽车公司技术中心、中国汽车工程研究院股份有限公司等。

二、检测与试验流程

1. 试验充电条件

根据标准 GB/T 18386—2017《电动汽车能量消耗率和续驶里程试验方法》，充电总则如下：

1）动力蓄电池的充电总则

除非车辆制造厂或动力蓄电池制造厂有其他的规定，动力蓄电池的初次充电可以按照下面规定进行。

动力蓄电池的初次充电指接收车辆以后的动力蓄电池的第一次充电。如果所规定的几个试验或测量连续进行，第一次充电可认为是初次充电。

资源 4-5 电动汽车经济性能检测的试验充电

动力蓄电池的初次充电按 1.2 和 1.3 的规定进行。

2）动力蓄电池的放电

首先，试验车辆以 30 min 最高车速的 70%±5% 的稳定车速行驶，使车辆的动力蓄电池放电。放电在下列条件下结束：

车速不能达到 30 min 最高车速的 65% 时，或行驶达到 100 km。

3）动力蓄电池的充电

蓄电池充电按照车辆制造厂规定的充电规程，使蓄电池达到完全充电状态，或按下列规程为蓄电池充电。

（1）常规充电。

在环境温度为 20℃~30℃ 下，使用车载充电器（如果已安装）为蓄电池充电，或采用车辆制造厂推荐的外部充电器（应记录充电器的型号、规格）给蓄电池充电。

常规充电不包括其他特殊类型的充电。例如蓄电池翻新或维修充电。车辆制造厂应该保证试验过程中车辆没有进行特殊充电操作。

（2）充电结束的标准。

12 h 的充电即为充电结束的标准；如果标准仪器发出明显的信号提示驾驶员蓄电池没有充满，在这种情况下，最长充电时间为：3×制造厂规定的蓄电池能量（kW·h）/电网供电功率（kW）。

2. 试验条件

1）试验质量

电动汽车整车整备质量与试验所需附加质量的和。附加质量分别为：

①对于 M1、N1、最大设计总质量不超过 3 500 kg 的 M2 类车辆，

资源 4-6 电动汽车经济性能检测试验条件

该质量为 100 kg。

②对于城市客车，该质量为最大设计装载质量的 65%。

③对于其他车辆，该质量为最大设计装载质量。

乘员质量及其装载分布要求按 GB/T 12534 的规定。

注：对于半挂牵引车，本标准中最大设计装载质量指最大设计牵引质量。

2）车辆条件

试验车辆应依据每项试验的技术要求加载。

轮胎应选用制造厂作为原配件所要求的类型，并按制造厂推荐的轮胎最大试验负荷和最高试验速度对应的轮胎充气压力进行充气。机械运动部件用润滑油黏度应符合制造厂的规定。

车上的照明、信号装置以及辅助设备应该关闭，除非试验和车辆白天运行对这些装置有要求。除驱动用途外，所有的储能系统应充到制造厂规定的最大值（电能、液压、气压等）。试验驾驶员应按车辆制造厂推荐的操作程序使动力蓄电池在正常运行温度下工作。试验前，试验车辆应至少用安装在试验车辆上的动力蓄电池行驶 300 km。

3）环境温度条件

在 20℃~30℃室温下进行室内试验。

4）试验挡位

如果厂家推荐的车辆驾驶模式能够与工况参考曲线相配合，则使用厂家推荐模式；如果厂家推荐模式不能满足工况参考曲线要求，则选择最高车速更高的模式。

3. 试验方法

1）总则

确定能量消耗率和续驶里程应该使用相同的试验程序，试验程序包括以下三个步骤：

（1）对动力蓄电池进行初次充电；

（2）进行工况或等速条件下的续驶里程试验；

资源 4-7　电动汽车经济性能检测试验总则

（3）试验后再次为动力蓄电池充电，测量来自电网的能量。

对 M1、N1、最大设计总质量不超过 3 500 kg 的 M2 类车，在每两个步骤执行之间，如果车辆需要移动，不允许使用车上的动力将车辆移动到下一个试验地点，且再生制动系统未起作用。对于 M1、N1、最大设计总质量不超过 3 500 kg 的 M2 类车以外的车辆，如果需要移动，允许使用车上的动力，具体按照 GB/T 18386—2017《电动汽车能量消耗率和续驶里程试验方法》M2 类车以外的工况法中的相关规定。

2）试验公差

基准曲线和公差如图 4-5 所示。

图 4-5 中的每一个点给出的速度公差适用于 M1、N1、最大设计总质量不超过 3 500 kg 的 M2 类车型为 ±2 km/h，适用于其他车型为 ±3 km/h，时间公差为 ±1 s。

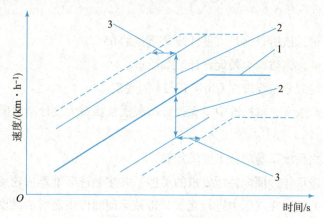

图 4-5　基准曲线和公差

说明：1—基准曲线；2—速度公差，单位为千米每小时（km/h）；3—时间公差，单位为秒（s）。

在每个行驶循环中，允许超出公差范围的累计时间，对于 M1、N1、最大设计总质量不超过 3 500 kg 的 M2 类车型应不超过 4 s，对于其他车型应不超过 10 s。在试验报告中应注明超出公差的总时间。

3）结束试验循环的标准

主要包括：

（1）进行 GB/T 18386—2017《电动汽车能量消耗率和续驶里程试验方法》进行工况法规定的 NEDC 工况试验循环时：

①对最高车速大于等于 120 km/h 的试验车辆，不能满足 GB/T 18386—2017《电动汽车能量消耗率和续驶里程试验方法》进行工况法所规定的公差要求时，应停止试验；

②对最高车速小于 120 km/h 的试验车辆，在工况目标车速大于车型申报最高车速时，目标工况相应速度基准曲线调整为车辆申报最高车速，此时要求驾驶员将加速踏板踩到底，允许车辆实际车速超过规定的公差上限，当不能满足规定的公差下限时应停止试验；在工况目标车速小于等于车型申报最高车速时，不能满足规定的公差要求，应停止试验。

（2）进行工况法规定的中国典型城市公交循环工况试验循环时，若不能满足规定的公差要求，应停止试验。

（3）进行工况法规定的 C-WTVC 工况试验循环，在车速小于等于 70 km/h 时，不能满足规定的公差要求，应停止试验；在车速大于 70 km/h 时，若不能满足公差要求，则将加速踏板踩到底，直到车速再次跟随 C-WTVC 循环工况目标车速，允许超出规定的公差范围。

4. 试验安排

根据标准 GB/T 18386—2017《电动汽车能量消耗率和续驶里程试验方法》，试验安排如下。

1）工况法（一）

（1）续驶里程试验。

在动力蓄电池充电结束时记录该时刻。在此之后 12 h 之内开始

资源 4-8　电动汽车经济性能检测续驶里程试验 1

按照规定的试验程序进行试验，在此期间，确保车辆在20℃~30℃的温度条件下放置。

根据标准GB/T 18386—2017《电动汽车能量消耗率和续驶里程试验方法》，试验前的道路阻力设定如下：

（2）车辆道路负荷的设定。

行驶阻力测定及在底盘测功机上的模拟；M1、N1、最大设计总质量不超过3 500 kg的M2类试验车辆按照GB 18352.5—2013中附件CH的规定；其他类试验车辆相应载荷的道路行驶阻力按照GB/T 27840—2011中附录C的方法进行测量或按照本标准中附录A的重型商用车辆行驶阻力系数推荐方案。在进行道路和底盘测功机的滑行试验时，均应当把制动能量回收系统功能屏蔽。进行道路和底盘测功机滑行试验时，汽车的其他部件都应当处于相同的状态（如空调关闭等）。

根据标准GB/T 18386—2017《电动汽车能量消耗率和续驶里程试验方法》，试验工况法一的操作如下：

（3）适用于M1、N1、最大设计总质量不超过3 500 kg的M2类车的工况法。

在底盘测功机上采用GB/T 27840—2011中附录B规定的NEDC循环进行试验；直到达到结束试验循环的标准规定的要求时停止试验。除有其他的规定外，每6个工况试验循环，允许停车(10±1) min，停车期间，车辆起动开关应处于"OFF"状态；关闭发动机盖，关闭试验台风扇，释放制动踏板，不能使用外接电源充电。

在试验循环工况结束，车辆停止时，记录试验车辆驶过的距离D，用km来表示，测量值按四舍五入圆整到整数；同时记录用小时（h）和分（min）表示的所用时间。

应该在报告中给出工况试验循环期间车辆所达到的最高车速、平均车速和行驶时间（h和min）。

根据标准GB/T 18386—2017《电动汽车能量消耗率和续驶里程试验方法》，试验后充电与能量测量操作如下：

（4）动力蓄电池充电和能量测量。

完成工况法或等速法规定的试验后，在2 h之内将车辆与电网连接，按照动力蓄电池的充电规程为车辆的动力蓄电池充满电。在电网与车辆充电器之间连接能量测量装置，在充电期间测量来自电网的用W·h表示的能量$E_{电网}$，测量值按四舍五入圆整到整数。

注：如果电网断电，其断开的时间应该根据停电时间，适当延长相应时间。车辆制造厂和认证试验案的技术服务部门应该探讨充电的有效性。

根据标准GB/T 18386—2017《电动汽车能量消耗率和续驶里程试验方法》，计算方法如下：

（5）适用于M1、N1、最大设计总质量不超过3 500 kg的M2类车工况法的计算方法。

续驶里程即适用于M1、N1、最大设计总质量不超过3 500 kg的M2类车的工况法中记录的试验车辆驶过的距离D，用km来表示，并圆整到整数。使用式（4-1）计算能量消耗率C，用W·h/km表示，并圆整到整数：

$$C = E_{电网}/D \tag{4-1}$$

式中：$E_{电网}$——充电期间来自电网的能量，单位为瓦时（W·h）；

D——续驶里程，单位为千米（km）。

对于最高车速小于 120 km/h 的试验车辆，在试验报告中记录续驶里程和能量消耗率结果时应对最高车速进行说明，推荐使用如下格式记录续驶里程："D（最高车速 V_{max}）"、使用如下格式记录能量消耗率"C（最高车速 V_{max}）"，此处 V_{max} 填写车型申报最高车速。

2）工况法（二）

（1）续驶里程试验。

在动力蓄电池充电结束时记录该时刻。在此之后 12 h 之内开始按照规定的试验程序进行试验，在此期间，确保车辆在 20℃~30℃的温度条件下放置。

资源 4-9　电动汽车经济性能检测续驶里程试验 2

根据标准 GB/T 18386—2017《电动汽车能量消耗率和续驶里程试验方法》，试验前的道路阻力设定如下：

（2）车辆道路负荷的设定。

行驶阻力测定及在底盘测功机上的模拟；M1、N1、最大设计总质量不超过 3 500 kg 的 M2 类试验车辆按照 GB 18352.5—2013 中附件 CH 的规定；其他类试验车辆相应载荷的道路行驶阻力按照 GB/T 27840—2011 中附录 C 的方法进行测量或按照本标准中附录 A 的重型商用车辆行驶阻力系数推荐方案。在进行道路和底盘测功机的滑行试验时，均应当把制动能量回收系统功能屏蔽。进行道路和底盘测功机滑行试验时，汽车的其他部件都应当处于相同的状态（如空调关闭等）。

根据标准 GB/T 18386—2017《电动汽车能量消耗率和续驶里程试验方法》，试验工况法二的操作如下：

（3）适用于 M1、N1、最大设计总质量不超过 3 500 kg 的 M2 类车以外的工况法。

车辆充电位置与底盘测功机不在一起的情况下，如果使用车辆自身动力在两者之间移动，要求车辆用不大于 30 km/h 的车速尽量以匀速的方式在两者之间移动（尽量减少电能的消耗），车辆每次在两者之间移动的距离不得超过 3 km。然后断电，关闭点火锁 15 min，进行车辆预置。

对于城市客车，在底盘测功机上采用 GB/T 20784—2011 中附录 C 规定的中国典型城市公交循环或附录 D 规定的 C-WTVC 循环进行试验；对于其他车辆，在底盘测功机上采用附录 D 规定的 C-WTVC 循环工况进行试验；直到达到结束试验循环的标准规定的要求时停止试验。在移动和试验过程中应实时测量并记录电池端的电压和电流值。

除有其他的规定外，每 6 个工况试验循环，允许停车（10±1）min，停车期间，车辆起动开关应处于"OFF"状态，关闭发动机盖，关闭试验台风扇，释放制动路板，不能使用外接电源充电。

在中国典型城市公交循环工况结束,车辆停止时,记录试验车辆驶过的距离 $D_{试验阶段}$。

在 C-WTVC 循环工况结束,车辆停止时,分别记录试验车辆驶过的市区部分距离 $D_{市区}$、公路部分距离 $D_{公路}$、高速部分距离 $D_{高速}$,单位用 km 来表示。同时记录用小时(h)和分(min)表示的所用时间。

应该在报告中给出工况试验循环期间车辆所达到的最高车速、平均车速和行驶时间(h 和 min)。

(4)动力蓄电池充电和能量测量。

完成工况法或等速法规定的试验后,在 2 h 之内将车辆与电网连接,按照动力蓄电池的充电规程为车辆的动力蓄电池充满电。在电网与车辆充电器之间连接能量测量装置,在充电期间测量来自电网的用 W·h 表示的能量 $E_{电网}$,测量值按四舍五入圆整到整数。

注:如果电网断电,其断开的时间应该根据停电时间,适当延长相应时间。车辆制造厂和认证试验室的技术服务部门应该探讨充电的有效性。

(5)适用于 M1、N1、最大设计总质量不超过 3 500 kg 的 M2 类车以外的工况法的计算方法。

使用式(4-2)计算中国典型城市公交循环工况的能量消耗率 C,单位用 W·h/km 表示,并圆整到整数:

$$C = \frac{\int_{试验开始}^{试验结束} UI\mathrm{d}t}{\int_{移动开始}^{移动结束} UI\mathrm{d}t + \int_{试验开始}^{试验结束} UI\mathrm{d}t} \times \frac{E_{电网}}{D_{试验阶段}} \quad (4-2)$$

式中:U——车辆运行时电池端电压,单位为伏特(V);

I——车辆运行时电池端电流,单位为安培(A);

$E_{电网}$——充电期间来自电网的能量,单位为瓦时(W·h);

$D_{试验阶段}$——试验阶段车辆驶过的距离,单位为千米(km)。

使用式(4-3)计算续驶里程 D,用 km 来表示,并圆整到整数:

$$D = E_{电网}/C \quad (4-3)$$

式中:$E_{电网}$——充电期间来自电网的能量,单位为瓦时(W·h);

C——中国典型城市公交循环工况的能量消耗率,单位为瓦时每千米(W·h/km)。

三、检测与试验案例

1. 试验准备

试验原理:按国家标准规定的试验方法进行试验。

试验设备和工具:以某车型为试验对象,整车搭载 2 956 V/319 kW·h 三元锂 NCM 电池动力系统。采用转毂台架、动力电池测试系统和电池系统监控平台,分别在不同环境下进行 NEDC 工况测试，如图 4-6 所示。

2. 试验方法和步骤

可按照"环境温度对电动汽车续驶里程的影响"分组对不同环境温度下的 NEDC 工况试验，步骤如下：

1）续驶里程试验

环境温度适应是指将车辆放置目标环境温度中，动力电池系统中单体电池温度与目标温度差值不超过 2℃。

（1）将整车进行室温（25±2）℃环境适应。

图 4-6 某车型转毂台架试验

（2）用 1C（即 108 A）将电池放空电，静置 30 min，用 C（即 54 A）将电池充满电，静置 30 min。

（3）进行（25±2）℃环境适应。

（4）进行 NEDC 工况试验。

（5）进行（25±2）℃环境适应。

（6）用 05C（即 54 A）将电池充满电，静置 30 min。

2）环境温度对电动汽车续驶里程的影响

分别在 -5℃、0℃ 和 40℃ 三种不同环境温度下进行 NEDC 工况试验，试验步骤与（1）~（6）一致。

（1）续驶里程。

在 25℃、-5℃、0℃ 和 40℃ 四种不同环境温度下，NEDC 工况测试的续驶里程如图 4-7 所示。图中 $D(T)/D(25℃)$ 表示不同温度下动力电池系统的续驶里程相对于温度为 25℃ 时续驶里程的比值。

可见，动力电池系统的续驶里程随着温度的降低而减少，且呈现非线性关系。低温下，动力电池系统的续驶里程减少得较快，而在常温左右，动力电池系统的续驶里程随着温度

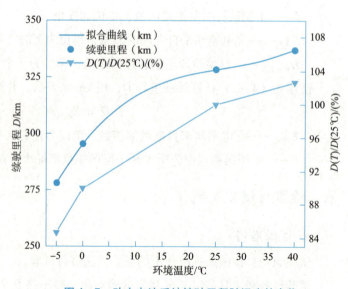

图 4-7 动力电池系统续驶里程随温度的变化

的升高而增大，其速率相对低温较慢。在 0℃ 到 -5℃ 时，动力电池系统的续驶里程从标定值的 89.9% 减少至 84.6%，而在 40℃，动力电池系统的续驶里程为标定值的 102.6%。

将动力电池系统的续驶里程变化与温度进行拟合，得到

$$\begin{cases} D = 2.373 \times 10^{-4}T^3 - 3\,421 \times 10^{-2}T^3 + 2.033T + 295.4 \\ R^2 = 1 \end{cases}$$

式中：D——动力电池系统的续驶里程（km）；

T——环境温度（℃）；

R^2——该拟合曲线的相关系数。

（2）能量消耗率。

电动汽车能量消耗率 C 是指经过 NEDC 试验循环后对动力电池系统充满电，从电网上得到的电能 $E_{电网}$ 除以 NEDC 试验循环行驶里程所得的值 $D_{里程}$，单位为 W·h/km，如下

$$C = E_{电网}/D_{里程}$$

式中：C——电动汽车能量消耗率（W·h/km）；

$E_{电网}$——电网得到的电能（W·h）；

$D_{里程}$——NEDC 试验循环行驶里程（km）。

在不同环境温度下，NEDC 测试的能量消耗率如图 4-8 所示。图中 $C(T)/C(25℃)$ 表示不同温度下动力电池系统的能量消耗率相对于温度为 25℃ 时能量消耗的比值。

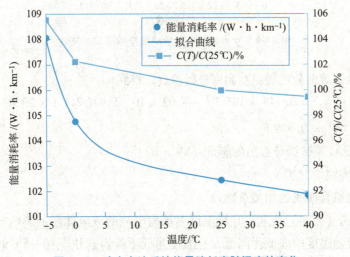

图 4-8 动力电池系统能量消耗率随温度的变化

由图 4-8 可以看出，随着温度的降低，动力电池系统的能量消耗率不断增大，且增大的速率不断加大。低温下，增大速率极大，而常温附近增大速率较小，且随着温度升高，能量消耗率反而降低。在 -5℃ 时，能量消耗率为标定值的 105.5%，增大了 55%。而在 40℃，能量消耗率为标定值的 99.4%，减少了 0.6%。将动力电池系统的能量消耗变化与温度进行拟合，得到

$$\begin{cases} C = 1.374 \times e^{-0.2374T} + 103.4 \times e^{-3.7 \times 10^{-4}T} \\ R^2 = 1 \end{cases}$$

式中：T——环境温度（℃）；

R^2——该拟合曲线的相关系数。

3）环境温度对电动汽车能量的影响

（1）放电能量。

在不同环境温度下，NEDC 测试循环放出的能量如图 4-9 所示。

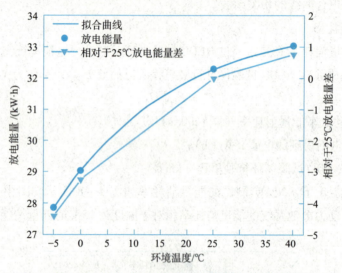

图 4-9 动力电池系统放电能量随温度的变化

将动力电池系统的放电能量与温度进行拟合，得到

$$\begin{cases} E_{放电} = 3.148 \times 10^{-5}T^3 + 4.03 \times 10^{-3}T + 0.2111 \times 29.03 \\ R^2 = 0.9995 \end{cases} \quad (4-4)$$

式中：E——NEDC 测试循环放出的能量（kW·h）；

T——环境温度（℃）；

R^2——该拟合曲线的相关系数。

图 4-9 与式（4-4）表明，环境温度对动力电池的放电能量的影响较为显著。动力电池的放电能量随温度的降低而降低，且温度越低下降得越快。在 -5℃ 时，动力电池系统放出的能量较 25℃ 放出的能量减少了近 44 kW·h。显然，低温下动力电池系统的性能急剧下降。在 40℃ 时，动力电池系统放出的能量较 25℃ 放出的能量增加了约 0.8 kW·h。因此，在高温阶段，动力电池系统的性能可以得到一定程度的提升。

（2）放电效率。

放电效率是指同循环过程中动力电池系统放出能量与充入能量之百分比，即

$$\eta = \frac{E_{放}}{E_{充}}$$

不同环境温度 NEDC 测试的放电效率见图 4-10 和表 4-3。

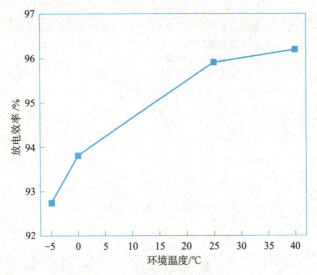

图 4-10 动力电池系统放电效率随温度的变化

表 4-3 不同环境温度 NEDC 测试的放电效率

环境温度/℃	-5	0	25	40
放电效率/%	92.75	93.82	95.91	96.2

由表 4-3 和图 4-10 可知,在相同充电条件下,放电效率受放电过程所处的环境温度影响。温度越低,放电效率降低得越快,能量利用率越低。随着温度的上升,放电效率逐渐增大并趋于一致。-5℃ 与 40℃ 的放电效率相差了 3.45%。

因此,在低温环境下,提高电动系统所处的温度可以提高放电效率,进而提升能量的利用效率。

(3) 回馈能量。

在不同试验环境温度下,NEDC 循环过程的回馈能量如图 4-11 所示。

图 4-11 中相对于 25℃ 回馈能量差指的是不同温度的回馈能量与 25℃ 回馈能量相减得到的值。将 NEDC 循环回馈能量变化与温度进行拟合,得到

$$\begin{cases} E_{回馈} = 3.38 \times 10^{-4} T^2 + 3.57 \times 10^{-2} T + 5.78 \\ R^2 = 0.999\,5 \end{cases} \quad (4-6)$$

式中,$E_{回馈}$——NEDC 循环测试过程的回馈能量(kW·h);

T——环境温度(℃);

R^2——拟合系数。

由图 4-11 与式(4-6)可知,NEDC 循环测试过程的回馈能量与温度近似成二次函

数。随着温度的降低,回馈能量逐渐降低。低温下,回馈能量降低的速率相对于常温并不明显。

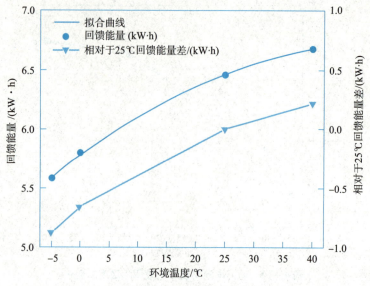

图 4-11　动力电池系统回馈能量随温度的变化

3. 试验参考结论

试验研究了搭载三元锂 NCM 电池动力系统的电动汽车在不同温度 NEDC 工况下,动力电池系统的续驶里程、能量和环境温度的关系,得到了不同环境温度 NEDC 工况下,续驶里程、能量的规律。

环境温度对动力电池系统的续驶里程和能量消耗率影响较大,低温时续驶里程减少得较快,能量消耗率增大得较快,高温时续驶里程逐渐增加,能量消耗率逐渐减少,但两者的变化速率小于低温时。

放电能量、放电效率和回馈能量随温度的降低而降低。温度越低,放电能量和放电效率降低得越快,而回馈能量降低的速率较缓慢。

拓展学习:电动汽车经济性能提升分析

提升电动汽车经济性,具体可以从以下方面考虑。

1. 电池技术及其管理系统

电动汽车的应用有效地解决了能源和环境可持续发展的问题。电动汽车的应用前景广阔。但电动汽车尤其纯电动汽车的应用遇到了动力电池的难题,电池的问题体现在两个方面。其一是动力电池比能量不高,影响电动汽车续驶里程的要求,价格太高直接影响电动汽车的初始成本;其二是电池的性能差,使用寿命低影响电动汽车的使用成本。

作为动力源的各类型蓄电池：镍镉型、铅酸型、镍锌型、锂离子型、钠镍型、钠硫型、镍氢型等不同程度地存在着成本高、寿命短、比能量低、比功率小、体积和重量大、充电时间长等问题。对于纯电动汽车，主要存在的问题有车辆的一次充电行驶里程、电池的寿命、公共配套充电设施等。目前，还没有一种动力电池能够达到与整车同寿命，这使得蓄电池成为电动汽车发展的"瓶颈"。可喜的是，20世纪90年代以后，电池技术取得了很大的进步。镍氢电池和锂离子电池迅速发展，使得电池能量储存体积缩小了很多，如果把汽车所需要的能量看着20 kW·h的话，将其储存在铅酸电池中，需要1 600 L的容积，相当于几十个油箱大小。而锂离子电池方面，2000年前后为400 L，目前为200 L，体积已缩小到3~4个油箱大小，同时比现有锂离子电池能量密度高一倍的电池也在开发中。从寿命方面来说，单体电池的寿命已经能够达到数千次，并且还在不断向上发展。

电动汽车用的电池使用中其性能发挥得如何，除与电池模块自身性能有关外，与其应用的电池能量管理系统的功能有着密切的关系，尤其是电池模块质量不太理想的条件下，应用功能完备的电池能量管理系统其作用就更加突出。借助电池能量管理系统的正常工作会使电池模块的性能得以充分发挥，减少电池模块故障，延长电池模块的使用寿命，增加电动汽车的使用安全感。因此，电动汽车电池能量管理系统的应用备受电动汽车设计者和使用者的重视。

电池能量管理系统是保证电动汽车安全、保持动力电源系统和提高电池寿命的一种相当重要的技术措施，称为电动汽车动力电池的"保护神"，它起到对电池性能的保护、防止个别电池的早期损坏的作用，有利于电动汽车的运行，并具有各种警告和保护功能等。通过对电池箱内电池模块的监控工作使电动汽车的运行、充放电等功能与电池的有关参数（电流、电压、内阻、容量）紧密相连并协调工作。典型的电池能量管理系统有：美国通用汽车公司的EV1电动汽车电池管理系统、德国柏林大学研制的电池管理系统以及韩国大宇公司DEV5-5电动汽车车用电池管理系统。

知识拓展：电池能量管理系统

BMS系统全称BATTERY MANAGEMENT SYSTEM，也叫作电池管理系统（见图4-12），是电池与用户之间的纽带，主要对象是二次电池，主要就是为了能够提高电池的利用率，防止电池出现过度充电和过度放电。

一般而言，电池管理系统要实现以下几个功能：
(1) 准确估测SOC。
准确估测动力电池组的荷电状态（State of Charge，即SOC），即电池剩余电量，保证SOC维持在合理的范围内，防止由于过充电或过放电对电池造成损伤，并随时显示混合动力汽车储能电池的剩余能量，即储能电池的荷电状态。

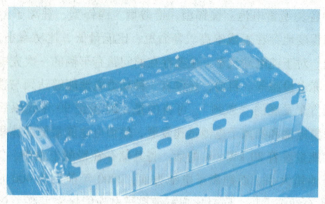

图4-12 电池能量管理系统

（2）动态监测。

在电池充放电过程中，实时采集电动汽车蓄电池组中的每块电池的端电压和温度、充放电电流及电池包总电压，防止电池发生过充电或过放电现象。同时能够及时给出电池状况，挑选出有问题的电池，保持整组电池运行的可靠性和高效性，使剩余电量估计模型的实现成为可能。除此以外，还要建立每块电池的使用历史档案，为进一步优化和开发新型电、充电器、电动机等提供资料，为离线分析系统故障提供依据。

（3）电池间的均衡。

电池间的均衡即为单体电池均衡充电，使电池组中各个电池都达到均衡一致的状态。均衡技术是目前世界正在致力研究与开发的一项电池能量管理系统的关键技术。

2. 驱动电机及其控制技术

电动车辆的驱动电动机属于特种电动机，要使电动汽车有良好的使用性能，驱动电动机应具有较宽的调速范围及较高的转速、足够大的起动扭矩、高电压、体积小、质量轻、效率高、可靠性高、动态制动能量回馈的性能。电动汽车早期的驱动结构多采用直流电动机，直流电动机具有优良的电磁转矩控制特性，调速比较方便、易于控制，控制装置简单、成本较低。但其效率较低，电动机结构复杂，不利于维修。现阶段驱动结构多采用交流电动机、永磁无刷电动机和开关磁阻电动机。目前电动汽车很大一部分是采用交流感应电动机作为驱动机构。感应电动机效率高（90%以上）、比功率较大（接近1 kW/kg）、功率因数变化大，适合高速运转。另外，感应电动机可靠性高，便于维修，价格相对较便宜。感应电动机的控制器采用了矢量控制方法控制的变频器或逆变器，使感应电动机具有更好的可控性和宽广的调速范围。新型感应电动机的直接转矩控制系统，具有控制简单，动态响应快，调速范围宽等特点。感应电动机的价格比较便宜，但控制系统很复杂，价格也较高。永磁直流无刷电动机的应用越来越广泛。永磁电动机具有效率高（可达97%）、比功率大（超过1 kW/kg）的特点。永磁电动机的转子没有励磁绕组，可以高速运行，质量轻，体积小，可靠性好，利于维护。采用矢量控制的变频调速系统使永磁电动机具有宽广的调速范围，对于变速箱的轻量化有很大好处。其控制系统比较简单，转矩特性与机械特性与直流电动机的相似。但永磁电动机的材料强度较差，大功率的永磁电动机所需要的永磁材料需要特别加固，导致永磁电动机的功率一般较小，适合中微型纯电动汽车。另外，由于永磁材料的价格较高，因此永磁电动机及其控制系统的成本较高。开关磁阻电动机是一种新型电动机，其结合了感应电动机和直流电动机的优点，它的结构比其他任何一种电动机都要简单，效率可以达到85%~93%，转速可以达到15 000 r/min。其转速—转矩特性好，在较宽的转速范围内，转矩速度可灵活控制，并具有高起动转矩和低起动功率的机械特性。转子上没有励磁绕组和永磁体，结构简单坚固、可靠性好，质量轻，便于维护，成本较低。开关磁阻电动机的控制系统包括微处理器、电流和位置检测器等电子器件，控制系统较复杂，调节性能和控制精度要求高。工作时转矩脉动大，噪声也较大，体积也相对较大。表4-4所示为四种驱动电动机的性能比较。

表4-4 四种驱动电动机的性能比较

项目	直流电动机	感应电动机	永磁无刷电动机	开关磁阻电动机
过载能力	中	好	较好	好
效率	中	较高	高	中
寿命	中	好	好	好
转速范围	较宽	较宽	宽	很宽
功率范围	宽	宽	小	很宽
可靠性	中	好	较好	好
转矩/电流比	中	中	高	高
结构坚固性	差	较好	中	好
电动机外形尺寸	大	中	小	小
电动机质量	重	中	轻	轻
电动机成本	高	中	中	低
驱动控制成本	低	高	高	中
转矩/惯量比	中	中	较高	高

3. 整车控制策略

电动汽车的动力传动系统是电动汽车的核心部分，其性能决定着电动汽车动力性能的好坏，传动系统采用什么样的结构型式，其参数之间的匹配直接决定整车的动力性与经济性。整车控制系统使电动汽车能够更好地利用有限的车载能量，如果把电动机比作电动汽车的心脏，那么控制系统就是电动汽车的大脑，是电动汽车的智能核心，控制着整车的能量分配。各个子控制系统的信号集中于ECU，ECU根据其内存的程序和数据以及各种传感器输入的信息进行运算、处理、判断，然后输出指令，并可适时显示现有的车载能量，预测能否完成预先设定的行程。另外，控制系统的性能直接影响电动汽车的性能指标，它控制着电动汽车在各类行驶工况下的行驶速度、加速度和能量转换情况。由于蓄电池的能量和功率密度有限，故需通过动力总成控制系统对有限的能量进行控制和调节，加以高效地利用，如动力总成控制器采用再生制动能量回馈的技术，可有效地延长电动汽车的续驶里程。它对整车的运行情况可进行实时监控，根据一定的故障诊断策略对系统各部件进行在线诊断，确保整车的安全。

知识拓展：再生制动能量回馈系统

电动汽车利用电动机制动过程中产生的反向扭矩制动，同时电动机产生的反向电动势给车载动力电池充电，这个复合过程就是电动汽车的制动能量回馈（见图4-13）。

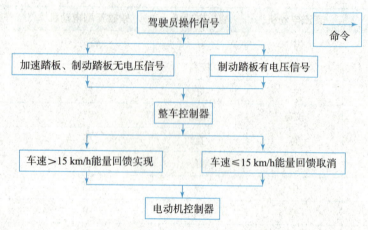

图4-13 再生制动能量回馈系统框图

当驾驶员踩下制动踏板时，制动控制单元根据踏板位移传感器采集的信号，判断驾驶员的制动意图，即所需的总制动力大小。如果整车制动策略是安排驱动电动机首先介入制动，提供再生制动力，则出现电动机回馈制动触发条件。

电动机控制器根据整车控制器的指令，调低定子旋转磁场频率。转子由于惯性，依旧用原来的转速旋转。当电动机的转子速度超过电动机同步磁场的旋转速度时，转子切割磁力线的方向反转，转子绕组所产生的电磁转矩与转子的旋转方向相反，转子受力减速，电动机处于制动状态。

同时，转子反向切割磁力线的动作，使得电动机产生了反向电动势，电动机端电压高于供电的动力电池组端电压，电动机工作状态切换至发电机，具备给电池充电的条件。当电池组的电量、温度等条件都允许充电时，制动产生的能量，就可以存储到电池组中去。

复合制动能量回馈系统主要类型：

制动能量回馈系统，目前主要是复合利用回馈制动和液压制动两种制动形式。按照触发制动程序的部件不同，划分为加速踏板型和制动踏板型；按照液压制动力是否可控划分为串联式和并联式两种型式。制动踏板型以下，根据回馈制动和液压制动的复合形式不同划分为未解耦型和解耦型。

再生制动能量回馈系统理论计算见表 4 – 5。

表 4 – 5　再生制动能量回馈系统理论计算

序号	控制策略		能量消耗/ $(W \cdot h \cdot km^{-1})$	续驶里程/ km	能量回收值/ $(kW \cdot h^{-1})$	能量回收率/%
	滑行扭矩/ $(N \cdot m)$	制动扭矩/ $(N \cdot m)$				
1	0	0	171	137	0	0
2	20	60	164	143	1.001	3
3	30	60	155	152	2.432	10.4
4	40	60	147	160	3.84	20.1
5	45	60	145	162	4.212	22.1

备注：1. 电网能量按照 $E = 23.5\ kW/h$ 计算；
　　　2. 续驶里程 $= E/C$；
　　　3. 能量回收值 $=(171 -$ 能量消耗率$) \times$ 续驶里程；
　　　4. 能量回收率 $=$ 能量回收值/动力电池容量 19.057 5 kW/h。

4. 车身结构

从车身结构出发，在众多品牌的纯电动汽车中，我们看到全铝车身结构被应用得越来越多，诸如特斯拉 Model S 和 Model X 都采用了全铝车身结构（见图 4 – 14），重量相较传统钢车身更轻，尽可能地弥补沉重电池组所增加的重量，提高性能并增加续航。

图 4 – 14　特斯拉 Model S 车身结构

提升电动汽车经济性的技术及比亚迪运用车型举例

比亚迪 e2（见图 4 – 15）是目前市场上首款将自重做到比同级燃油车还要轻不少的纯电动汽车，而且续驶里程丝毫不输同级其他纯电动车型。

整车重量仅为 1 250 kg，而吉利几何 A 自重 1 650 kg，整整高出 400 kg，即使是"瘦身"做得不错的荣威 Ei5 也达到 1 555 kg，相当于 e2 时刻满员的状态，而且还是 4 个壮汉。

图 4-15 比亚迪 e2

为保障车辆的安全，在材料的选择上，依旧应用大面积的高强度钢，辅以激光焊接等超前工艺，做到安全与轻量化的双优表现。这一切都足以让人惊讶和意外，这究竟是如何做到的？

1. 先进的 e 平台

得益于比亚迪研发的全新 e 平台，全新 e2 首先对车身结构进行了全面优化，将影响纯电动汽车重量最为关键的三电系统高度集成，集成后体积较分体式产品降幅 30%，重量降幅 25%、功率密度提升 20%，做到传动效率更高，重量更轻，占用空间更小，而这仅是比亚迪 e2 能够大幅度减重的原因之一。

2. 更高能量密度的电池组

真正让人兴奋的还是在电池上的造诣，这得益于在电池领域多年的耕耘与发展，坚持自主研发的比亚迪对电池"下狠手"，正如全新 e2 上采用的新研发出来的三元电池组，能量密度高达 160 W·h/kg，要知道市面上普遍采用三元锂电池的能量密度比较高的也仅仅在 140 W·h/kg，如荣威 Ei5 与吉利几何 A 能量密度仅为 142 W·h/kg。高能量密度意味着要达到相同的电池容量质量会更轻。比起轻量化的车身来说，电池组的减重才是纯电动汽车向前迈的真正的一大步。

3. 超低能耗，更节能

对于消费者最为关注的电动汽车指标——续驶里程方面，轻量化也能带来相当可观的里程提升。在电池容量 47.3 kW·h 的情况下，比亚迪 e2 的续驶里程高达 402 km，能耗仅为 11.3 kW·h/100 kW，一举超过特斯拉最新车型 Model 3 的 12.5 kW·h/100 kW。而相较于国内其他新能源车型大多数仍停留在 13 kW·h/100 kW 以上的能耗表现（比如近期上市的荣威 Ei5 能耗为 13.2，几何 A 能耗为 13），比亚迪 e2 更是在能耗表现方面取得了明显的优势。

能耗之于纯电动汽车，便相当于油耗之于燃油汽车，更低的能耗表现便意味着更强的经济性。可见，诞生于比亚迪全新 e 平台的比亚迪 e2 不仅在外观设计、驾乘体验方面表现不俗，在用车经济性上更是国内纯电动汽车能耗表现中的佼佼者。

考核与评价

1. 什么是汽车的经济性？
2. 汽车经济性的评价指标是什么？
3. 电动汽车经济性能检测 NEDC 工况是什么？
4. 电动汽车经济性检测的试验标准是什么？
5. 电动汽车经济性检测的试验方法和流程有哪些？
6. 提升电动汽车经济性的方法有哪些？

学习任务五

电动汽车安全性能检测

 本章概述

　　车辆的安全性对于每一辆车来说都是非常重要的，尤其是现在电动汽车在安全性方面常常备受质疑，所以对于电动汽车的安全性检测与评价的知识学习也是非常重要的，本章就对电动汽车安全性检测与评价展开学习。

　　在本章内容中，需要同学们掌握的知识主要包括：①了解电动汽车安全性的概念及评价内容；②电动汽车安全性测试的内容、标准及方法。需要掌握的能力主要包括：①能够对电动汽车的安全性能进行测试；②能够对电动汽车的安全性能进行客观的评价。

学习项目任务分解

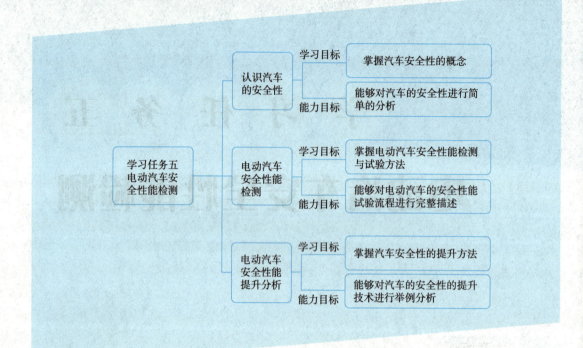

学习任务五 ▶▶▶ 电动汽车安全性能检测

知识储备：认识汽车的安全性

一、汽车安全性概念

一般来说，汽车的安全性体现在道路交通安全中，主要是指汽车对乘员或货物的安全进行保障的能力。

汽车安全性按照交通事故发生前后分为主动安全性与被动安全性。汽车的主动安全性是指汽车防止事故发生的能力，汽车的被动安全性是指发生交通事故时，汽车对乘员或货物的保护能力。

资源 5-1 电动汽车安全性检测与评价

电动汽车的安全性除了要考虑上述内容以外，还要考虑电动汽车在充电和运行过程中由于动力电池的窜动、挤压、短路、漏电、冲击以及电磁辐射等问题造成电动汽车对汽车乘员的电伤害、化学伤害以至燃烧伤害。

二、汽车安全性评价方法及评价指标

汽车的汽车安全性评价分为两个部分：一个是主动安全性评价；一个是被动安全性评价。汽车主动安全性评价包括：①汽车制动性能；②操纵稳定性能；③转向性能；④照明信号、前后视野；⑤动力电池的安全性。汽车被动安全性评价主要是指 NCAP 的碰撞测试成绩。

资源 5-2 汽车安全性评价内容及影响因素

1. 汽车的制动性能

汽车的主动安全性评价的核心指标就是制动性能，汽车制动性能是指汽车在行驶中能强制减速以至停车，或在下坡时保持一定速度行驶的能力。

汽车的制动过程是人为地增加汽车的行驶阻力，借助于车轮制动器（见图 5-1）、发动机或专门的辅助制动器来进行。制动时，通过制动车轮（通常汽车的前后车轮均为制动轮）与道路路面的相互作用而产生与汽车行驶方向相反的路面对车轮的切向反作用力（即制动力），对汽车的制动性

图 5-1 制动器

能有着决定性的影响，其最大值取决于轮胎与路面间的附着力。

制动性能主要包括三个方面：

· 75 ·

（1）制动效能。

制动效能指在良好的路面上，汽车以一定的初速度制动到停车的制动距离或制动时汽车的减速度，制动效能可以反馈出我们汽车制动的效果与水平，其评价指标主要包含制动距离、制动减速度、制动力。

（2）制动效能恒定性。

在短时间内连续制动后，制动器温度升高导致制动效能下降，称为制动器的热衰退，连续制动后制动效能的稳定程度为制动效能的恒定性。同理，经过涉水路面时，也可能导致制动效能下降。制动效能的恒定性评价指标主要包含抗热衰退性和抗水衰退性。

（3）制动时的方向稳定性。

制动方向的稳定性一般指汽车在制动过程中维持直线行驶的能力或者按预定弯道行驶的能力。制动过程中车辆的方向稳定性与左右车轮的制动力之差、前后车轮的制动力分配有着密切的关系。制动过程中，有时会出现制动跑偏、后轴侧滑或前轮失去转向能力而使汽车失去控制离开原来的行驶方向，甚至发生撞入对方车辆行驶轨道、下沟、滑下山坡的危险情况。制动时的方向稳定性主要评价指标包含：制动时是否发生跑偏、侧滑、前轮是否失去转向能力。

制动时汽车自动向左或向右行驶称为"制动跑偏"。侧滑是指制动时汽车的某一轴或两轴发生横向移动。两者是有联系的，严重的跑偏有时会引起后轴侧滑，易于发生侧滑的汽车也有加剧跑偏的趋势。

前轮失去转向能力，是指弯道制动时汽车不按原来的弯道行驶而沿弯道切线方向驶出；直线行驶制动时，虽然转动转向盘但汽车仍按直线方向行驶的现象。失去转向能力和后轴侧滑也是有联系的，一般如果汽车后轴不会侧滑，前轮就可能失去转向能力；后轴侧滑，前轮仍然有转向能力。

2. 操纵稳定性能

汽车的操纵稳定性是指驾驶员以最少的修正而能维持汽车按给定的路线行驶，以及按驾驶员的愿望转动转向盘以改变汽车行驶方向的性能。

3. 转向性能

转向系统直接影响到汽车行驶安全，汽车的转向能够精准，能够按照驾驶员的意图进行精确的转向。

4. 照明信号、前后视野

汽车照明系统是汽车安全行驶的必备系统之一，尤其是夜间行车，照明信号与前后视野对安全性的影响较大。

5. 动力电池的安全性

动力电池的安全性是电动汽车里面一个特殊的要求，动力电池作为电动汽车的核心部件之一，提升其安全性是发展电动汽车产业的重中之重。动力电池是一个高压的系统，它的安全对于整个电动汽车的安全至关重要。并且电动汽车的电池使用环境更加复杂多变和苛刻，例如电池需要暴露在极宽的温度范围内工作，电池包在车辆运行过程中需要承受持久的振动以及需要进行高倍率的充放电等。其中，高倍率的充放电会导致电池内部产热增加，如果热管理系统不能及时为电池散热，高温会引起电池内部各种副反应的发生，如 SEI 膜分解、负极与电解液反应、电解液分解等，并最终导致热失控的发生。电池一旦进入热失控阶段，将会面临在短时间内发生起火、爆炸的风险，所以动力电池的安全性指标包含：漏电、短路及过充的安全保护、IP 防护等级、电磁辐射等。

6. NCAP 的碰撞测试

欧洲 NCAP 组织成立于 1997 年，作为不依赖于任何一家汽车厂商的中立组织，是汽车行业公认的权威汽车安全评估机构。欧洲 NCAP 的碰撞测试（见图 5-2）分两个基本项目：正面和侧面碰撞。正面碰撞速度为 64 km/h，侧面碰撞为 50 km/h。NCAP 的碰撞测试成绩以星级表示：

图 5-2 NCAP 碰撞测试

5 星：乘员严重伤害的概率等于或小于 10%；

4 星：乘员严重伤害的概率为 11%~20%；

3 星：乘员严重伤害的概率为 21%~35%；

2 星：乘员严重伤害的概率为 36%~45%；

1 星：乘员严重伤害的概率大于 46%。

一般认为，一个车型在 NCAP 的碰撞测试里得到 5 星成绩可谓表现优异，而 4 星成绩则可以接受，至于 3 星和 3 星以下的碰撞测试成绩表明此款车型在安全性方面有缺陷。

三、影响汽车被动安全性的因素分析

1. 车身的材料、质量

我国汽车工程学会产业研究院则根据力学特性,把屈服强度大于 210 MPa 小于 550 MPa（即抗拉强度大于 270 MPa 小于 700 MPa）的钢称为高强度钢,屈服强度大于 550 MPa（即抗拉强度大于 700 MPa）的钢称为超高强度钢,而屈服强度小于 210 MPa（抗拉强度小于 270 MPa）的钢称为低强度钢。而目前产业化的超高强度钢强度能达到 1 000 MPa,在车身结构中采用超高强度钢以增加车辆强度和刚性,从而保障汽车碰撞安全性。在一定程度上,车身质量越大,对碰撞安全性越有利。

2. 车身的外形

车身外形设计不同,在碰撞过程中,碰撞变形情况也会存在差异。一旦发生事故,在更大的车里,车主的存活概率相对更高。如为了保障侧面碰撞安全,需要结构加固、装防撞梁、加粗 AB 柱、留出缓冲空间,整车外形设计也越来越饱满。为了保护行人,发动机盖的设计也变了不少,比如降低保险杠高度和硬度、减缓发动机盖前沿的坡度、降低发动机罩强度等。

3. 车身的结构

车企不断提升碰撞安全技术,让车身结构和长度更合理。例如 ACE 承载式车身结构,是一种提高自身保护力和降低对外攻击力的安全技术系统。让碰撞能量能够尽快地传递出去,而不至于在碰撞时候的能量集中在某一个区域产生严重的变形,从而提升被动安全性。

4. 安全气囊及安全带的配置

安全气囊即车辆在发生碰撞后迅速在乘员和车内部件之间打开一个充满气体的袋子,让乘员扑在气袋上。通过气袋的排气节流阻尼吸收乘员的动能,使猛烈的车内碰撞得以缓冲,以达到保护乘员的目的。现代汽车不仅增加了侧面防撞安全气囊,在安全气囊的织物材料、点火器、传感器技术等方面都在不断地发展进步。

在一些以安全性著称的高档车中,全车各个角度配备了全方位的气囊与气帘（见图 5-3）,不仅分布在车内前排正副驾驶位,还分布在前后车门、前后挡风玻璃、侧面视窗等位置,对来自各个方向的撞击提供最有效的保护。

安全气囊注意事项：

（1）安全气囊只是辅助安全系统,需与安全带配合使用。

（2）经常注意观察位于仪表盘上的安全气囊警告灯。若警告灯一直亮,则表明安全气囊系统有故障,可能在关键时刻不弹或平时误弹,应立即进行修理。

（3）安全气囊炸开后必须更换,在安装新气囊时必须注意,碰撞传感器要随电脑板更换,安全带的拉紧器也要更换。

图 5-3　安全气囊与气帘

（4）8 岁以下的儿童最好坐后排。这不仅是减少儿童对驾驶者的影响，也是因为安全气囊是依照成人标准制作的，对儿童不仅不能起保护作用，相反可能造成窒息等伤害。

（5）风挡玻璃不能悬挂装饰品，否则在气囊弹出时，挂件在瞬间受巨力时会高速射向乘员，伤害性非常大。

（6）不要用力敲打安全气囊的外壳（带有"SRS"或"AIR BAG"标识的部位），因为安全气囊本身在受到一定外力的撞击时，可能会被引爆。

资源 5-3　电动汽车电压等级

四、电动汽车电压等级

GB 18384—2020《电动汽车安全要求》规定了电动汽车电压等级如下：

根据最大工作电压，将电气元件或电路分为以下等级，见表 5-1。

表 5-1　电压等级　　　　　　　　　　　　　　　单位：V

电压等级	最大工作电压 U	
	直流	交流
A	$0 < U \leq 60$	$0 < U \leq 30$
B	$60 < U \leq 1\,500$	$30 < U \leq 1\,000$

对于相互传导连接的 A 级电压电路和 B 级电压电路，当电路中直流带电部件的一极与电平台相连，且其他任一带电部分与这一极的最大电压值不大于 30 V(a.c)(rms) 且不大于 60 V(d.c.)，则该传导连接电路不完全属于 B 级电压电路，只有以 B 级电压运行的部分才被认定为 B 级电压电路。

五、电动汽车人员触电防护总则

人员触电防护要求应包括以下四个部分：

(1) 高压标记要求；

(2) 直接接触防护要求；

(3) 间接接触防护要求；

(4) 防水要求。

对于相互传导连接的 A 级电压电路和 B 级电压电路，当电路中直流带电部件的一极与电平台连接，且其他任一带电部分与这一极的最大电压值不大于 30 V(a.c.)(rms) 且不大于 60 V(d.c.)，则绝缘电阻要求、绝缘电阻监测要求、GB 18384—2020《电动汽车安全要求》中的电位均衡要求和防水要求对该电路（包括直流部分和交流部分）不适用。

资源 5-4　电动汽车人员触电防护总则

六、电动汽车高压标记要求

GB 18384—2020《电动汽车安全要求》规定了电动汽车高压标记要求如下：

1. 高压警告标记要求

B 级电压的电能存储系统或产生装置，如 REESS 和燃料电池堆；应标记图 5-4 所示符号。对于相互传导连接的 A 级电压电路和 B 级电压电路，当电路中直流带电部件的一极与电平台连接，且满足其他任一带电部分与这一极的最大电压值不大于 30 V(a.c.)(rms) 且不大于 60 V(dc.) 的情况，则 REESS 不需标记图 5-4 所示符号；否则，REESS 无论是否存在 B 级电压，都应标记图 5-4 所示符号。符号的底色为黄色，边框和箭头为黑色。

当移开遮栏或外壳可以露出 B 级电压带电部分时，遮栏和外壳上也应有同样的符号清晰可见。当评估是否需要此符号时，应考虑遮栏或外壳可进入和可移开的情况。

资源 5-5　电动汽车高压标记要求

图 5-4　高压警告标记

2. B 级电压电线标记要求

B 级电压电路中电缆和线束的外皮应用橙色加以区别，满足遮栏或外壳要求的遮栏后面或外壳里面的除外。

七、电动汽车间接接触防护要求

1. 绝缘电阻要求

GB 18384—2020《电动汽车安全要求》规定了电动汽车绝缘电阻要求如下：

在最大工作电压下，直流电路绝缘电阻应不小于 100 Ω/V，交流电路应不小于 500 Ω/V。如果直流和交流的 B 级电压电路可导电的连接在一起，则应满足绝缘电阻不小

资源 5-6　电动汽车间接接触防护要求

于 500 Ω/V 的要求。对于燃料电池电动汽车,如图 5-5 所示。若交流电路增加有附加防护,则组合电路至少满足 100 Ω/V 的要求。

附加防护方法应至少满足以下一种要求:

(1) 至少有两层绝缘层、遮栏或外壳;

(2) 布置在外壳里或遮栏后,且这些外壳或遮栏应能承受不低于 10 kPa 的压强,不发生明显的塑性变形。

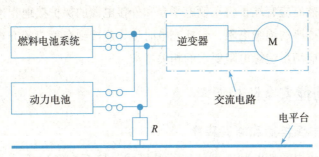

图 5-5 燃料电池电动汽车绝缘电阻要求

2. 绝缘电阻监测要求

车辆应有绝缘电阻监测功能,并能通过绝缘监测功能验证试验。在车辆 B 级电压电路接通且未与外部电源传导连接时,该装置能够持续或者间歇地检测车辆的绝缘电阻值。当该绝缘电阻值小于制造商规定的阈值时,应通过一个明显的信号(例如:声或光信号)装置提醒驾驶员,并且制造商规定的阈值不应低于绝缘电阻要求的相关要求。

3. 电位均衡要求

用于防护与 B 级电压电路直接接触的外露可导电部分,例如,可导电外壳和遮栏,应传导连接到电平台,且满足以下要求:

(1) 外露可导电部分与电平台间的连接阻抗应不大于 0.1 Ω;

(2) 电位均衡通路中,任意两个可以被人同时触碰到的外露可导电部分,即距离不大于 2.5 m 的两个可导电部分间电阻应不大于 0.2 Ω。若采用焊接的连接方式,则视作满足上述要求。

4. 电容耦合要求

电容耦合应至少满足以下要求之一:

(1) B 级电压电路中,任何 B 级电压带电部件和电平台之间的总电容在其最大工作电压时存储的能量应不大于 0.2 J,0.2 J 为对 B 级电压电路正极侧 Y 电容或负极侧 Y 电容最大存储电能的要求。此外,若有 B 级电压电路相互隔离,则 0.2 J 为单独对各相互隔离的电路的要求。

(2) B 级电压电路至少有两层绝缘层、遮栏或外壳,或布置在外壳里或遮栏后,且这些外壳或遮栏应能承受不低于 10 kPa 的压强,不发生明显的塑性变形。

5. 充电插座要求

1）车辆交流充电插座

车辆交流充电插座应有端子将电平台与电网的接地部分连接。

车辆交流充电插座的绝缘电阻，包括充电时传导连接到电网的电路，当充电接口断开时应不小于 1 MΩ。

2）车辆直流充电插座

车辆直流充电插座应有端子将车辆电平台和外接电源的保护接地相连接。

车辆直流充电插座的绝缘电阻，包括充电时传导连接到车辆直流充电插座的电路，当充电接口断开时，应满足绝缘电阻要求的相关要求。

八、电动汽车功能安全防护要求

1. 驱动系统电源接通和断开程序

车辆从驱动系统电源切断状态到"可行驶模式"应至少经过两次有意识的不同动作，且至少有一个动作是踩下制动踏板。

资源 5-7　电动汽车功能安全防护要求

从"可行驶模式"到驱动系统电源切断状态只需要一个动作。

应连续或间歇地向驾驶员指示，车辆已经处于"可行驶模式"。当驾驶员离开车辆时，如果驱动系统仍处于"可行驶模式"，则应通过一个明显的信号（例如：声或光信号）装置提醒驾驶员。

车辆停止时，驱动系统自动或手动关闭后，只能通过上述程序重新进入"可行驶模式"。

2. 行驶功能安全防护要求

1）功率降低提示

如果电驱动系统采取了自动限制和降低车辆驱动功率的措施，当驱动功率的限制和降低影响到了车辆的行驶，应通过一个明显的信号（例如：声或光信号）装置向驾驶员提示。

2）REESS 低电量提示

如果 REESS 的低电量影响到车辆的行驶，应通过一个明显的信号（例如：声或光信号）装置向驾驶员提示。

3）REESS 热事件报警

如果 REESS 将要发生热失控的安全事件，应通过一个明显的信号（例如：声或光信号）装置向驾驶员提示。

4）制动优先

当制动信号和加速信号同时发生时，整车控制系统优先响应制动信号。

3. 挡位切换功能安全防护要求

1）行驶挡切换

驾驶员直接驾驶车辆，在车辆静止状态下从非行驶挡位切换至行驶挡位时，应踩下制动踏板。

2）反向行驶

如果是通过改变电动机旋转方向来实现前进和倒车两个行驶方向转换的，满足以下两个要求之一：

（1）前进和倒车两个行驶方向的转换，应通过驾驶员两个不同的操作动作来完成；

（2）如果仅通过驾驶员的一个操作动作来完成，应使用一个安全措施使模式转换只能在车辆静止或低速时才能完成。车速判断以车内仪表显示为准。

如果前进和倒车两个行驶方向的转换不是通过改变电动机的旋转方向来实现的，则反向行驶要求不适用。

4. 驻车

切断电源后，车辆应不能产生由自身电驱动系统造成的不期望的行驶。

5. 车辆与外部传导连接锁止

当车辆通过充电电缆连接到位置固定的外部电源或负载时，车辆应不能通过其自身的驱动系统移动。

任务实施：电动汽车安全性能检测

一、电动汽车直接接触防护试验

1. 检测与试验标准

GB 18384—2020《电动汽车安全要求》（见图 5-6）规定了电动汽车安全性强制检测规范。

该标准于 2020 年发布，由工业和信息化部归口，委托 TC114SC27（全国汽车标准化技术委员会电动车辆分会）执行。

主要起草单位有：比亚迪汽车工业有限公司、中国汽车技术研究中心有限公司、北京新能源汽车股份有限公司、中国第一汽车集团有限公司、上汽大通汽车有限公司、上海蔚来汽车有限公司、国家汽车质量监督检验中心（襄阳）、重庆车辆检测研究院有限公司、上海汽车集团股份有限公司技术中心等。

图 5-6　GB 18384—2020《电动汽车安全要求》

资源 5-8　电动汽车安全要求标准

2. 检测与试验流程

1）试验要求

（1）总则。

GB 18384—2020《电动汽车安全要求》规定了电动汽车直接接触防护要求总则如下：

资源 5-9　电动汽车直接接触防护要求

直接接触防护是通过绝缘材料、外壳或遮栏实现人体与 B 级电压带电部件的物理隔离，外壳或遮栏可以是导体也可以是绝缘体。对于具体部件的直接接触防护要求应满足遮栏或外壳要求以及充电插座要求。

对于 M_2 类、M_3 类车型，如果在车顶布置有顶部充电装置，如图 5-7 所示。若从车辆入口最底部台阶处到顶部充电装置的外露 B 级电压带电部分的最短路径长度至少为 3 m，则顶部充电装置的外露 B 级电压带电部分可不满足直接接触防护要求。

（2）遮栏或外壳要求。

如果通过遮栏或外壳提供触电防护，则 B 级带电部分应布置在外壳里或遮栏后，防止从任何方向上接近带电

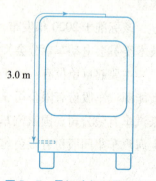

图 5-7　最短路径测量示意图

部分。

遮栏和外壳需要满足如下两点要求：

①乘客舱内、货舱内的遮栏和外壳应满足 GB/T 4208—2017 中 IPXXD 的防护等级要求，乘客舱外、货舱外的遮栏和外壳应满足 IPXXB 的防护等级要求。

②通常，遮栏和外壳只能通过工具才能打开或者去掉；若遮栏和外壳在不使用工具的情况下可以打开或者去掉，则要有某种方法使其中的 B 级电压带电部分在遮栏和外壳打开后 1 s 内至少满足如下两种要求之一：

a. 交流电路电压应降到不超过 30 V(a.c.)(rms)，直流电路电压应降到不超过 60 V(d.c.)；

b. B 级电路存储总能量小于 0.2 J。

（3）连接器要求。

高压连接器在不使用工具的情况下，应无法打开，但以下三种情况除外：

①高压连接器分开后，应满足 IPXXB 的防护等级要求。

②高压连接器至少需要两个不同的动作才能将其从相互的对接端分离，且高压连接器与其他某个机构有机械锁止关系，在高压连接器打开前，该锁止机构应使用工具才能打开。

③在高压连接器分开之后，连接器中带电部分的电压能在 1 s 内降低到不大于 30 V(a.c.)(rms) 且不大于 60 V(d.c.)。

（4）高压维修断开装置要求。

对于装有高压维修断开装置的车辆，高压维修断开装置在不使用工具的情况下，应无法打开或拔出，但以下两种情况除外：

①高压维修断开装置打开或者拔出后，其中的 B 级电压带电部分满足 GB/T 4208—2017 中规定的 IPXXB 的防护等级要求。

②高压维修断开装置在分离后 1 s 内其 B 级电压带电部分电压降低到不大于 30 V(a.c.)(rms) 且不大于 60 V(d.c.)。

（5）充电插座要求。

车辆充电插座与车辆充电插头在断开时，车辆充电插座应至少满足以下一种要求：

①在断开后 1 s 内，充电插座 B 级电压带电部分电压降低到不大于 30 V(a.c.)(rms) 且不大于 60 V(d.c.) 或电路存储的总能量小于 0.2 J。

②满足 GB/T 4208—2017 中规定的 IPXXB 的防护等级要求并在 1 min 的时间内，充电插座 B 级电压带电部分电压降低到不大于 30 V(a.c.)(rms) 且不大于 60 V(d.c.) 或电路存储的总能量小于 0.2 J。

2）试验方法

在进行直接接触防护测试过程中，车辆应处于整车断电状态，且车辆所有遮栏和外壳应完好。

测试过程中，检测人员在不使用其他工具的前提下，按照 GB/T 4208—2017 中 IPXXD 和 IPXXB 的测试方法，仅使用探针或试纸对车外和车内的开口和连接器等进行 IP 等级测试。

此外，可通过目测并结合制造商说明，验证连接器、高压维修断开装置以及车辆充电插座对于直接接触防护要求的符合性。

资源 5-10　电动汽车直接接触防护试验

二、电动汽车整车绝缘电阻试验

1. 检测与试验标准

GB 18384—2020《电动汽车安全要求》规定了电动汽车安全性强制检测规范。

该标准于 2020 年发布，由工业和信息化部归口，委托 TC114SC27（全国汽车标准化技术委员会电动车辆分会）执行。

资源 5-11　电动汽车整车绝缘电阻试验

2. 检测与试验流程

1）试验准备

GB 18384—2020《电动汽车安全要求》规定了电动汽车整车绝缘电阻测试准备如下：

电压检测工具的内阻不小于 10 MΩ。在测量时若绝缘监测功能会对整车绝缘电阻的测试产生影响，则应将车辆的绝缘监测功能关闭或者将绝缘电阻监测单元从 B 级电压电路中断开，以免影响测量值，否则制造商可选择是否关闭绝缘监测功能或者将绝缘监测单元从 B 级电压电路中断开。

2）试验内容

（1）对含有 B 级电压电源的电路的绝缘电阻测量方法。

具体测量步骤如下：

①使车辆上电，保证车辆上所有电力、电子开关处于激活状态。

②用相同的两个电压检测工具同时测量 REESS 的两个端子和电平台之间的电压，如图 5-8 所示。

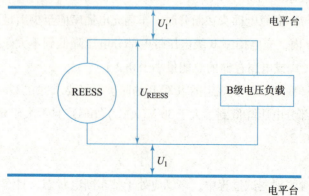

图 5-8　绝缘电阻测量步骤②

待读数稳定，较高的一个为 U_1，较低的一个为 U_1'。

③添加一个已知电阻 R_0，阻值宜选择 1 MΩ。如图 5-9 所示并联在 REESS 的 U_1 侧端子与电平台之间。再用步骤②中的两个电压检测工具同时测量 REESS 的两个端子和电平台之间的电压，待读数稳定后，测量值为 U_2 和 U_2'。

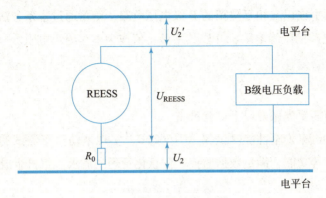

图 5-9　绝缘电阻测量步骤③

④计算绝缘电阻 R_i，方法如下：

R_i 可以使用 R_0 和四个电压值 U_1、U_1'、U_2、U_2' 以及电压检测设备内阻 r，代入式（5-1）或式（5-2）来计算。

$$\frac{R_i \times r}{R_i + r} = R_0 \left(\frac{U_2'}{U_2} - \frac{U_1'}{U_1} \right) \quad (5-1)$$

$$R_i = \frac{1}{\dfrac{1}{R_0 \left(\dfrac{U_2'}{U_2} - \dfrac{U_1'}{U_1} \right)} - \dfrac{1}{r}} \quad (5-2)$$

（2）对不含电源的 B 级电压负载绝缘电阻的测量方法。

具体测量步骤如下：

①将被测的 B 级电压负载的所有电源（包括 A 级电压电源）断开。

②将 B 级电压负载的所有 B 级电压带电部分相互传导连接。

③将 B 级电压负载所有外露可导电部分、A 级电压部分与电平台传导连接。

④将绝缘电阻测试设备连接在带电部分和电平台之间，该设备可选用兆欧表。

⑤将绝缘电阻测试设备的测试电压设置为不低于 B 级电压电路的最高工作电压。

⑥读出 B 级电压负载的绝缘电阻值为 R_x。

如果系统中传导连接的电路中有多个电压等级（例如：系统中有升压转换器），并且某些组件不能承受整个电路的最大工作电压，则可以断开这些组件，用它们各自的最大工作电压对绝缘电阻进行单独测量。

（3）整车绝缘电阻计算。

对于所有 B 级电压负载均能同时工作的车辆，可按照对（2）的试验方法直接测量出整车绝缘电阻。

否则,还需要按照对(3)、对(2)中无法完成测试的 B 级电压负载的绝缘电阻进行测量。用(2)中的测量结果 R_i 与(3)中测得的各 B 级电压负载的绝缘电阻 R_x 计算并联的结果,即为整车绝缘电阻。

如果整车有两个或以上相互隔离的 B 级电压电路,则可通过本条方法分别测量和计算出各个 B 级电压电路的绝缘电阻,并取其中最小值作为整车绝缘电阻。

3. 检测与试验案例

1) 试验准备

进行试验之前需要先做好以下试验准备。

试验使用电动汽车安全性能测试仪 AN1662SD,实现电动汽车测试的控制。数据采集与分析、报表导出等功能,满足数据监控、信息化管理的需求。整机组成见表 5-2。

表 5-2 整机组成

序号	项目名称	规格型号	数量	备注
1	整车安规检测设备		1	
1.1	工控机	研华	1	i5 处理器、4G 内存、1T 硬盘
1.2	显示器	戴尔	1	
1.3	无线扫描枪	symbol	1	条形码
1.4	安规综合测试仪		1	
1.5	键盘鼠标		1	套
1.6	机柜		1	
1.7	标签打印机	斑马	1	不干胶打印纸

2) 试验方法和步骤

整车绝缘测试,接线如图 5-10 所示。

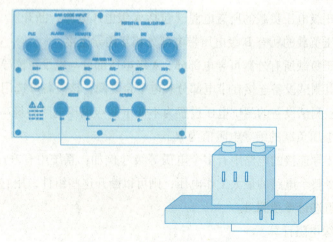

图 5-10 电池包绝缘测试示意图

依据 GB/T 18384—2020 对电源部分绝缘电阻的测试要求,安规测试仪绝缘电阻测试工作于电压表模式。测试分两步:

第一步分别测试电池组输出正、输出负与车身的电压值。

第二步将一标准电阻并联到电池组输出极与车身之间电压较大的一侧,再分别测试电池包输出正、输出负与车身的电压值。

通过测量的电压值和已知标准电阻,根据 GB/T 18384—2020 公式计算得到整车绝缘电阻。测试用已知标准电阻器已在测试仪内部。整个测试过程的测试接线变动在系统内自动切换完成,无须人工变动接线。

整车绝缘测试切换示意如图 5-11 所示。

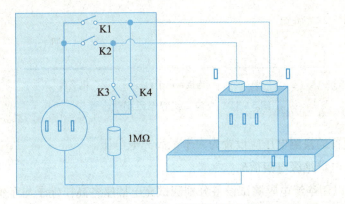

图 5-11 整车绝缘测试切换示意图

整车绝缘接线说明如表 5-3 所示。

表 5-3 整车绝缘接线说明

序号	设备端	汽车端
1	B+/B-	总正/总负
2	S-/C-	车门锁

设置条件:电池组绝缘下限上限 0,测试时间 20 s。

三、电动汽车充电插座绝缘电阻试验

1. 检测与试验标准

GB 18384—2020《电动汽车安全要求》规定了电动汽车安全性强制检测规范。

该标准于 2020 年发布,由工业和信息化部归口,委托 TC114SC27(全国汽车标准化技术委员会电动车辆分会)执行。

2. 检测与试验流程

GB 18384—2020《电动汽车安全要求》规定了电动汽车充电插座绝缘电阻测试如下:

在整车绝缘电阻测试的试验后继续进行充电插座绝缘电阻测试,

资源 5-12 电动汽车充电插座绝缘电阻试验

测试方法如下：

(1) 使车辆断电，保证车辆上所有电力、电子开关处于非激活状态。

(2) 将充电插座高压端子，即直流充电插座的正负极端子或者交流充电插座相线端子，用电导线进行短接。

(3) 将绝缘电阻测试设备的两个探针分别连接充电插座高压端子及电平台，如图 5-12 所示。

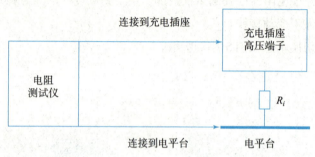

图 5-12 充电口绝缘电阻测量步骤③

(4) 测试设备的检测电压应设置为大于最高充电电压。

(5) 读出充电口绝缘电阻值 R_i。

此外，也可以用绝缘电阻测试设备分别测试充电插座各高压端子与车辆电平台间的绝缘电阻值，测试设备的检测电压要求大于最高充电电压，再计算并联结果，即充电插座绝缘电阻。

3. 检测与试验案例

1）试验准备

进行试验之前需要先做好以下试验准备：

试验使用电动汽车安全性能测试仪 AN1662SD，实现电动汽车测试的控制。

2）试验方法和步骤

(1) 电路绝缘测量。

负载的绝缘电阻测试，需在整车断电情况下进行。各高压负载的正、负极分别接测试仪的耐压绝缘正、负极，车架经黑色测试夹连接到耐压绝缘测试端子的回路端（黑端子）。测试共 2 步，分别测试正、负极对电平台的绝缘电阻。

测试仪提供直流高压，加载至高压电线和车架之间，通过测试电阻值确定整车高压负载的绝缘能力。

(2) 充电插座绝缘测量。

充电插座正、负极分别接高压，车架经黑色测试夹连接到耐压绝缘测试端子的回路端（黑端子）。测试共 2 步，分别测试充电枪正、负极对电平台的绝缘电阻。

测试仪提供直流高压，加载至高压接线柱和车架之间，通过测试电阻值确定整车高压负载的绝缘能力。接线如图 5-13 所示。

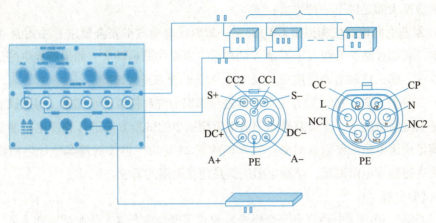

图 5-13 绝缘测试接线图

测试仪绝缘电阻测试为兆欧表模式。启动测试，测试仪的输出测试所需的电压，测量高压负载与车架间的绝缘电阻。绝缘电阻接线说明见表 5-4。

表 5-4 绝缘电阻接线说明

序号	设备端	汽车端	备注
1	HV1+/HV1-	慢充	
2	HV2+/HV2-	快充	预留不接
3	HV3+/HV3-	总正/总负	需客户提供对接端子，若无，无法测量
4	S-/C-	车门锁	

3 组可互换，通过 ESRS 设置匹配。

设置条件：绝缘 500 V 下限 1 M，上限 0，测试时间 2 s。

四、电动汽车整车防水试验

1. 检测与试验标准

GB 18384—2020《电动汽车安全要求》规定了电动汽车安全性强制检测规范。

该标准于 2020 年发布，由工业和信息化部归口，委托 TC114SC27（全国汽车标准化技术委员会电动车辆分会）执行。

2. 检测与试验流程

1）试验要求

GB 18384—2020《电动汽车安全要求》规定了电动汽车防水要求如下：

对于 M_2 类、M_3 类车辆可豁免本条的防水要求。对于其他车型，

资源 5-13 电动汽车防水要求

车辆在模拟清洗和模拟涉水试验后应仍能满足车辆交流充电插座中的绝缘电阻要求。制造商或车辆应至少满足以下一种要求：

（1）制造商向检测机构提供 GB 18384—2020《电动汽车安全要求》中附录 A 要求的证明材料，若部件防护等级高于附录 A 的要求，也视作满足要求。如果所提供的证明材料不满足要求，那么该制造商应按照附录 A 中 A.2 的要求进行试验。

（2）按照整车防水的试验方法对车辆进行模拟清洗和模拟涉水试验，每次试验后，在车辆仍是潮湿的情况下，应按照整车绝缘电阻测试中的试验方法进行绝缘电阻测量，绝缘电阻应满足绝缘电阻的要求。另外，在车辆放置 24 h 后，再按照整车绝缘电阻测试中的试验方法进行绝缘电阻测量，绝缘电阻应满足绝缘电阻的要求。

2）试验内容

GB 18384—2020《电动汽车安全要求》规定了电动汽车整车防水试验如下：

（1）模拟清洗。

本试验测试范围为整车的边界线，如两个部件间的密封、玻璃密封圈、可打开部件的外沿、前立柱的边界和灯的密封圈。

本试验采用 GB/T 4208—2017 中 IPX5 软管喷嘴。使用洁净的水，以流量为 12.5 L/min ± 0.5 L/min，0.10 m/s ± 0.05 m/s 的速度，在所有可能的方向向所有的边界线喷水，喷嘴至边界线的距离为 3.0 m ± 0.5 m。

（2）模拟涉水。

车辆应在 100 mm 深的水池中，以 20 km/h ± 2 km/h 的速度行驶至少 500 m，时间大约 1.5 min。如果水池距离小于 500 m；应重复试验使涉水距离累计不小于 500 m；包括车辆在水池外的总试验时间应少于 10 min。

3. 检测与试验案例

1）试验准备

进行试验之前需要先做好以下试验准备：

（1）测量用标准电阻（见图 5-14）。

（2）数字万用表（见图 5-15）。

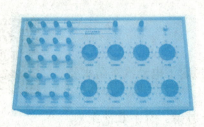

图 5-14 测量用标准电阻

图 5-15 数字万用表

(3) VBOX 主机及内部配置（见图 5-16）。

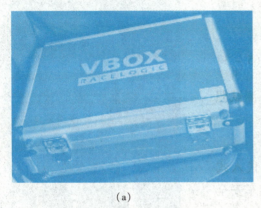
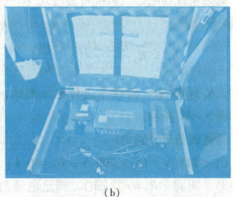

(a)   (b)

图 5-16   VBOX 主机及内部配置

2) 试验方法和步骤

涉水试验及绝缘电阻测试：

车辆应在 100 mm 深的水池中，以 20 km/h ± 2 km/h 的速度行驶至少 500 m，时间大约 1.5 min。如果水池距离小于 500 m，应重复试验使涉水距离累计不小于 500 m。包括车辆在水池外的总试验时间应少于 10 min。按照标准 GB 18384—2020《电动汽车安全要求》中的试验方法进行试验样车绝缘电阻的测量，试验要求总绝缘电阻值应大于 1 MΩ。

样车涉水试验照片如图 5-17 所示。

涉水完成后，对汽车的电压进行测试，以最终计算出绝缘电阻值。

图 5-17   样车涉水试验照片

其试验方法为：首先，断开动力电池电压，找出整个动力系统（直流部分）的正、负极部分，使用数字万用表（电压测试功能）正极一端夹在动力系统正极部分，确认连接是否固定且不允许和周围金属部分触碰，万用表另外一端夹在车辆电底盘上，通常是车身或车架上。待确认无误后打开动力电池电源，观察万用表读数，待读数稳定后记录该数值 U^+，然后断开动力电池电源，将万用表正极一端夹在动力系统负极部分，确认连接是否固定且不允许和周围金属部分触碰，待确认无误后打开动力电池电源，观察万用表读数，待读数稳定后记录该数值 U^-，比较 U^+ 和 U^- 的读数，较高电压定义为 U_1，较低的电压定义为 U_1'。

再添加一个已知的测量电阻 R_0（本文所用测量电阻 $R_0 = 10^5 \ \Omega$）分别连接在动力系统正极和车辆底盘之间，以及动力系统负极和车辆底盘之间，使用万用表分别测量 R_0 上

的电压,其中高电压一端所测的读数记为U_2,那么整个动力系统的绝缘电阻R_0可通过式(5-3)计算得到:

$$R_i = R_0 \frac{U_1 - U_2}{U_2}\left(1 + \frac{U_1'}{U_1}\right) \quad (5-3)$$

其中,$R_0 = 10^5 \ \Omega$。对样车进行电压测试,测试照片如图5-18所示。

其测试结果分别为:

$U_1 = 215 \ V$,$U_1' = 208 \ V$,$U_2 = 6 \ V$,代入式(5-3),可得:$R_i = 6.8 \ M\Omega$,满足电动汽车安全技术条件对绝缘电阻值的要求。

图5-18 电压测试

拓展学习:电动汽车安全性能提升分析

一、提升汽车安全性的方法

提升汽车的安全性分为两大类,一类叫作"主动安全性",又称"积极安全性",所谓主动可理解为防患于未然。重点是将车轮悬架、制动和转向的性能达到最好的程度,尽量提高汽车行驶的稳定性和舒服性,减少行车时所产生的偏差。例如安装制动防抱死装置ABS以提高制动性能防止甩尾现象,安装驱动防滑装置ASR防止汽车产生侧滑,采用转向动力辅助减轻驾驶者的疲劳程度,采用新式光源提高照明射程,等等。另一类叫作"被动安全性",又称"消极安全性",顾名思义就是一旦事故发生,汽车保护内部乘员及外部人员的安全程度,具体可以从以下方面考虑提升:

1. 主动安全性

(1)车辆的制动装置。

盘式制动器的优点是散热快,构造简单和校调方便,而且盘式制动在高负载时耐高温性能好,制动效果稳定而且不怕泥水,它比鼓式制动器相比制动更容易在较短的时间内令车辆停下。

(2)防抱死制动系统(ABS)。

遇到紧急情况需要制动时,驾驶员通常很想一脚到底立即把汽车停下,但此时会出现车轮抱死不能转动从而使汽车发生危险,比如前轮失去转弯能力,后轮出现甩尾现象,特别是在泥泞、冰雪路面上,轻微制动也会出现车辆失控的现象等。而在车辆安装了ABS之后就可以解决车辆因制动而失控的现象。

ABS 的作用是使汽车在制动时利用车轮的附着力采用一放一收的方式使车轮处于最佳制动状态，缩短制动距离同时保证车辆的制动方向稳定性，防止产生侧滑和跑偏，ABS 通过安装在各车轮或传动轴上的转速传感器来监测信号汇集到电子控制器内分析，一旦出现车轮抱死，就会命令执行机构及时调整制动压力，以保持车轮处于理想的制动状态。ABS 装置能够使车轮始终维持在微弱滑移的滚动状态下制动而不会抱死，而达到制动之后的车辆控制。由于装配 ABS 后使车轮在制动时不会出现抱死，不让轮胎在同一点上与地面摩擦，从而加大摩擦力，使制动效率达到 90% 以上，这样还能减少制动消耗，从而延长制动盘片及轮胎的使用寿命。

（3）电子制动力分配系统。

在 ABS 工作时如果四个车轮的摩擦力度不同就需要有另一个装置来修正车辆，而这个装置正是下面我们要了解的 EBD。

EBD 能够根据车辆制动产生轴荷转移的不同而自动调节前后轴的制动力分配比例，从而提高制动效能，EBD 配合 ABS 系统工作来提高制动的稳定性。

（4）电子稳定系统 ESP。

ESP 是由德国博世公司发明制造的，它最初是由德国奔驰汽车公司首先使用于奔驰车上的，ESP 其实是一款比较全面的牵引力控制装置，它不但控制驱动轮而且控制从动轮，它对过度转向或是转向不足也是特别敏感的，比如车辆在路滑时过度转向会产生甩尾现象，这时 ESP 它会通过传感器感觉到滑动就会迅速制动，反向车轮使其恢复附着力使车辆保持在原来的车道上。

（5）牵引力控制系统 TRC。

车辆在加速起步时很容易出现驱动车轮打滑的现象，特别是在湿滑路面，这样的打滑再大的扭矩也发挥不了作用，同时在制动时总希望车辆的驱动轮能同步地切断动力，以便缩短制动距离，这就需要一个新的装置来控制牵引力，这个新的装置就是 TRC。

TRC 的作用是：当车辆加速时，将滑动率控制在一定的范围，从而防止驱动轮快速滑动。它的功能是提高牵引力和保持车辆的行驶稳定。行驶在易打滑的路面上，装有 TRC 的车辆在加速时就不会有或能够减轻车辆打滑的现象。而车辆在转弯时如果发生驱动轮打滑，就会导致整个车辆向一侧偏移，而有 TRC 时就会使车辆沿着正确的路线转向。当车辆制动时，TRC 同 ABS 一起按照行车电脑发出的指令共同完成对各车轮制动分泵液压的调整，实现防抱死制动的控制，同时根据情况的不同再反映给发动机和变速器电脑，向喷油嘴发出停止喷油的指令，从而切断发动机的动力输出。

（6）电子辅助制动系统 BA。

BA 制动系统通过液力储压罐提供制动压力，所储压力是由电动活塞泵产生的，可以提供多次连续制动的液压。

BA 系统的主要优点是：①提供平稳的停车功能，使车辆在停车过程中更加平顺柔和。

②提供制动片的清干功能，当车辆在湿滑路面上行驶时系统会在固定时间间隔发出微弱制动脉冲，用来清干制动片上的水膜，以保证可靠的制动。③起步辅助功能，可防止汽车向后或向前溜动，当车辆在斜坡上处于停止状态时，迅速有效地踩一下制动踏板，然后再踩油门踏板，次功能就开始起作用，松开制动使车辆平稳起步，简化了通常麻烦的斜坡起步过程，这对于那些刚刚学会开车的驾驶员来讲是非常实用的。④堵车辅助制动功能，在发生堵车的情况下，驾驶员只需要控制油门踏板，一旦把脚从油门踏板上挪开，系统会自动施加一定的制动力以减速停车，这样驾驶员就不需要在油门踏板和制动踏板之间频繁切换。

（7）车辆稳定系统 VSC。

VSC 同目前大部分的车辆稳定控制系统一样，它们都是在 ABS 上的扩展，VSC 也是控制各轮的制动力和驱动力，但它同 ABS 和 TRC 有很大的不同，主要表现在实现左右纵向力的差动控制，以直接地对汽车提供横摆力矩，抵消汽车不稳定运动。

VSC 还能在车辆有可能发生倾覆的时候发挥作用，因为它有一个横向加速传感器不断地监测汽车，围绕自身纵轴方向滚动，也就是车身直方向的摆动。当幅度过大时控制系统就会通过制动装置对车速进行控制以防止危险的发生。同时该系统还可以对发动机的行车电脑进行干预，以调整发动机的动力输出。VSC 虽然对车辆稳定进行帮助很大，但由于该装置造价很高，因此目前很难向家用轿车领域普及。

2. 被动安全性

（1）ACE 承载式车身结构。

如图 5-19 所示，对于来自正面的碰撞，用顶架和下横梁分散及吸收其能量后，进一步将能量分散到车身前支柱和地板上。防止下横梁与对方车辆吸收碰撞能的零部件结构发生错位，与顶架一起在更大范围内承受碰撞。虽然前端较短，但实现了以较高的效率吸收碰撞能量，大幅度地降低了对驾驶室的负荷。提高自我防护能力的同时也降低了对对方车辆的攻击力。

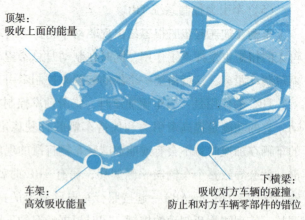

图 5-19 ACE 承载式车身结构

（2）安全带和安全气囊。

当车身吸收了大部分冲击动能后，仍有一部分能量需要车内的安全气囊和安全带来化解。其中，安全带是最关键的，因为如果不佩戴安全带，安全气囊就不能很好地发挥保护作用，甚至还会对乘员造成伤害。最新的安全带增加了预紧装置和限力保护措施，即当传感元件探测到碰撞发生时，预紧器通过爆破能量（比安全气囊的爆破能量小很多，因此后文中把安全气囊当作唯一先释放能量的装置）把安全带收紧，使安全带的吸能时间和距离得到延长。限力保护是在乘员受到压迫极限的时候适当放松安全带，避免不必要的伤害发生。

二、提升电动汽车安全性的技术及比亚迪运用车型举例

安全是人们购车所关注的最重要因素之一。近乎苛刻的产品安全，是比亚迪在新能源汽车创新发展中一贯坚持的标准。比亚迪汉的问世，再一次诠释了比亚迪的安全理念。比亚迪汉在电池安全、主被动安全、健康安全以及信息安全4个方面，都树立了优异的安全标杆。

对于一款让用户放心的电动汽车来说，电池安全责无旁贷。而汉 EV 作为全球首个搭载刀片电池的纯电动轿车，不仅在电池稳定性上实现了技术突破，还成功挑战了"针刺试验"，其卓越表现在整个动力电池行业都令人刮目相看。除了电池安全之外，比亚迪汉还做到了整车全维度的主被动安全。在用户无法直观观察到的主动安全方面，比亚迪投入了大量研发精力。汉 EV 拥有 LCV 高安全性能车身（见图 5-20），以 100 kg 热成型钢使用量，在中国汽车品牌里排名第一，打造了"隐形"的防护保障与更安全的驾驶体验。

图 5-20 比亚迪车身

为了保护车内人员的人身安全，汉 EV 车型配置了 11 个安全气囊、15 个行车雷达、6 个摄像头，全方位为用户的出行保驾护航。通过与用户的深入交流，比亚迪结合用户实际出行的各类安全情况，开发出如电动机预紧限力式安全带、电子儿童锁、车速感应自动上锁、四门车窗防夹手及缓停等功能。其中，车速感应自动上锁、四门车窗防夹手及缓停功能的使用场景更为广泛。前者有效避免了驾驶中因遗忘锁门而导致发生意外事故的可能；后者则具备一键升降功能，车窗上升过程中如果遇到障碍物则会自动下降，防止夹手。并且，车窗在完全关闭前还具有缓停功能，有效防止车窗冲顶，提升了使用体验。除了硬件方面的"安全"配置，汉 EV 在软件方面也竭尽所能地满足用户所需。其搭载的 DiDAS 驾驶辅助技术达到了 L2.5 级自动驾驶辅助水平，具备 ACC-S&G 停走型全速自适应巡航系统、FCW 前向碰撞预警系统、EBA 紧急制动辅助系统、CSC 弯道速度控制系统、AEB-

CCR自动紧急制动系统、LDW车道偏离预警系统、LKS主动式车道保持系统、AEB-VRU行人识别/保护系统、HMA智能远近光灯系统、TSR交通标志智能识别系统等，能够最大程度减少驾乘中安全事故的发生（见图5-21）。

图5-21 比亚迪安全系统

汉EV对汽车安全的定义，不仅局限于传统的交通安全和事故避免上，更多贴心设置时刻体现出对用户的悉心爱护。除了主、被动安全之外，汉EV在健康、安全上也有着严苛的要求（见图5-22）。比如，对于车内涂装，汉EV采用了液体喷涂阻尼材料，让其不仅具有卓越的NVH性能，同时环保特性优异，有效减少车内空气污染，材料选用时拒绝PVC和沥青，实现3.0级的整车气味性等级。

图5-22 比亚迪车内健康安全

再比如，超生化模式以及远程高温消毒杀菌模式，让汉EV不仅能实现PM2.5车内外精确检测，高效过滤空气，还可以远程控制空调进行60℃加热，对车内空气半小时循环杀菌。随时随地进行高效空气净化，守护驾乘的呼吸安全。对于用户的信息安全，比亚迪也同样重视。移动互联网、物联网的高速发展，在为生活提供便利的同时，也给人们的信息安全带来了一些隐患。比亚迪在汉EV上配置了银行级信息安全保障系统，通过安全芯片、安全网关、总线加密等构建信息安全体系，全面构建用户信息的安全保障。

考核与评价

1. 什么是汽车的安全性?
2. 汽车主动安全性的评价指标是什么?
3. 汽车被动安全性的评价指标是什么?
4. 电动汽车安全性检测的试验标准是什么?
5. 电动汽车安全性检测的试验方法和流程有哪些?
6. 提升电动汽车安全性的方法有哪些?

学习任务六

电动汽车操控性能检测

 本章概述

车辆的操控性能在生活中是个比较抽象的概念,一辆车的操控性能如何检测与评价,正是本章的学习内容。我们常常听到一些汽车驾驶员评价某辆车"飘""晃",其实"飘"就是形容汽车会自行改变方向,"晃"则是指车辆左右摇摆,行驶方向难于稳定。这些都是车辆操控性能的体现。操控性能同时也是汽车主动安全性的重要评价指标,如果车辆反应迟钝,甚至某些工况下不能控制方向,制动时无法转向,甚至出现甩尾、侧滑、侧翻等情况,将对车辆安全产生严重影响,所以对于电动汽车的操控性检测与评价同样属于汽车检测的重要内容。

在本章内容中,需要同学们掌握的知识主要包括:①了解电动汽车操控性的概念及评价内容;②了解电动汽车操控性测试的标准、设备及试验条件。需要掌握的能力主要包括:①能够对电动汽车的操控性能进行测试;②能够对电动汽车的操控性能进行客观的评价。

学习项目任务分解

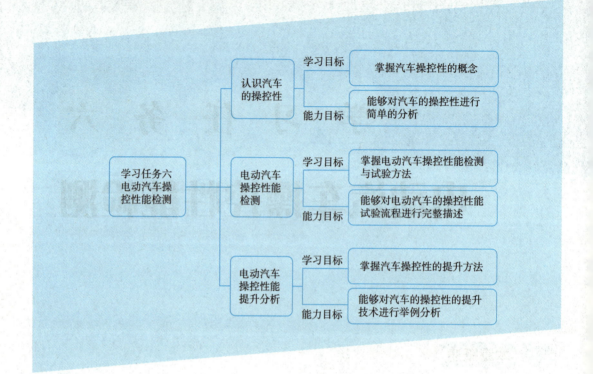

学习任务六　电动汽车操控性能检测

知识储备：认识汽车的操控性

一、汽车操控性概念

汽车的操控性是指汽车能够确切地按照驾驶员通过方向盘给定的转向指令准确行驶的能力，同时汽车在驾驶过程中能够抵抗干扰恢复和保持稳定行驶的能力。

资源6-1　操控性的概念及评价内容

汽车的操控性包括操纵性与稳定性两方面的含义。汽车操纵性差，可能导致汽车侧滑、倾翻，汽车的稳定性就破坏了；如汽车稳定性差，则汽车行驶时也会失去操纵性，因此，二者紧密结合，通常统称为汽车的操纵稳定性，简称操控性。

二、汽车操控性评价方法及评价指标

汽车的操控性可以从客观和主观两方面来评价。

汽车的操控性从客观方面来评价时主要把汽车作为一个控制系统，求出汽车曲线行驶的时域响应与频域响应，并用它们来表征汽车的操控性，再结合其他的物理量来进行评价。

汽车操控性的主观评价主要由汽车驾驶员在操控性试验后给出不同等级的定性评价。

1. 汽车操控性的客观评价

（1）转向盘角位移输入下的时域响应。

（2）转向盘力输入下的时域响应（回正性）。

（3）转向盘转角正弦输入下汽车的横摆角速度频率响应特性。

（4）转向盘中心区操纵稳定性。

（5）转向半径：评价汽车机动灵活性的物理参量。

（6）转向轻便性：评价转动转向盘轻便程度的特性。

（7）汽车的直线行驶性能：包括侧向风和路面不平敏感性。

（8）典型行驶工况性能。

（9）极限行驶性能。

2. 汽车操控性的主观评价

有关操控性的很多道路试验项目都可以由驾驶员进行主观评价，驾驶员在试验项目后根据经验对汽车的操控性给出"很好""较好""中等""较差"或"很差"的定性主观评价。

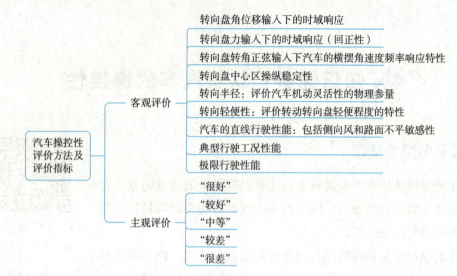

三、影响电动汽车操纵性的因素分析

1. 动力输出的响应

电动汽车驱动电动机输出的响应，对于操纵性是有影响的。如果电动汽车的驱动电动机响应速度很快，证明操纵性非常好。电动汽车本身就有这个优势，不像传统燃油车，驾驶员在踩加速踏板的时候，燃油车的输出反应相较于电动汽车要慢一些，所以电动汽车操纵性的一个优势就在于加速响应非常快。

资源6-2 电动汽车操控性的影响因素分析

2. 汽车转向系统的影响

汽车转向系统对电动汽车的操控性也会产生一定的影响，驾驶员在操作方向盘时，就是在操纵汽车的转向系统。转向系统转向的精准性、灵敏性和轻便性，都会对操控性带来很大的影响。目前电动汽车在转向系统里面使用的比较多的是EPS（电动助力转向），而在传统的燃油车里面用得比较多的是液压助力转向，所以电动汽车的优势也比较明显。电动助力转向是由电动助力机直接提供转向助力，由电信号决定电动机的旋转方向和助力电流的大小，从而完成实时控制助力转向。所以EPS的助力是比较精准的，操纵也比较轻便，符合对汽车操纵性的要求。

3. 汽车传动系统的影响

传动系统对汽车的操控性也会带来一定的影响。驾驶员在操纵换挡杆时，传动系统的响应性，对操控性就会产生一定的影响。传统系统中变速器有不同的类型：液力自动变速器（AT）、机械无级自动变速器（CVT）、电控机械自动变速器（AMT）、双离合器变速器（DSG），对于汽车的操控性来说，每一类的变速器的操控性都有所不同。从操纵的层面来讲，手动变速器有操控感，驾驶员在不断地操纵换挡，有驾驶乐趣。所以强调操控性的话，可能MT手动变速器这种类型更加合适。从操控的响应性或者平顺性的层面来讲，机械无级自动变速器（CVT）和双离合器变速器（DSG）这两种变速器更合适一些，可以非常平顺地换挡，其响应输出也非常快。

4. 汽车悬架系统的影响

悬架系统也会对汽车操控性有所影响。悬架系统有麦弗逊式、双叉臂/双横臂式、多连杆式和空气悬挂。麦弗逊式就比较常规，而双叉臂/双横臂常见于一些越野车。多连杆和空气悬架的操纵稳定性非常好，在急转弯、刹车等方面，使用这种悬架类型的汽车，它的稳定性是比较优越的。

5. 主动安全设备的影响

主动安全设备也会对汽车的操纵性造成影响，随着主动安全设备越来越先进，种类越来越多，从最初的 ABS 到现在的 EBD、ASR、ESP/DSC/VSA/VSC、BAS 等，都对保障汽车行进中的稳定性有重要的影响。

6. 驱动方式的影响

汽车的驱动方式有前置后驱（FR）、前置前驱（FF）、后置后驱（RR）、中置后驱（MR）等形式。大部分的乘用车都是采用的 FF 这种驱动方式，也就发动机前置前驱，对于电动汽车，FF 就是驱动电动机装在前轴上面，替代了发动机放在前面。如果将驱动电动机放在后轴上面，那么它就类似于我们传统燃油车的 FR 后轮驱动。从驱动方式来讲，FR 的操控稳定性比较好，因为它的车前后质量分配比较均匀。而四轮驱动的动力性比较好，四个轮子都作为驱动轮，提升了车的动力。

任务实施：电动汽车操控性能检测

1. 检测与试验标准

GB/T 6323—2014《汽车操纵稳定性试验方法》规定了汽车操控性能试验的方法（见图 6-1）。

资源 6-3　汽车操控性检测标准

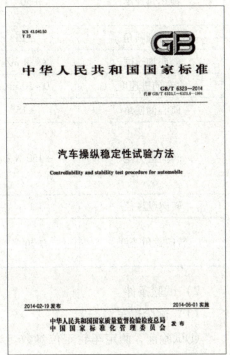

图 6-1　GB/T 6323—2014《汽车操纵稳定性试验方法》

标准于 2014 年发布，由 TC114（全国汽车标准化技术委员会）归口，主管部门为工业和信息化部。

起草单位有：中国第一汽车集团公司技术中心等。

2. 检测与试验流程

1）测量准备

试验所需仪器如下：

（1）车速仪；

（2）转向盘力矩、转向盘转角测量仪；

（3）汽车操纵稳定性测试仪；

（4）秒表；

（5）多通道数据采集系统。

测量仪器测量范围及最大误差见表6-1。

资源6-4　汽车操控性检测设备

表6-1　测量仪器测量范围及最大误差

测量变量	测量范围	测量仪器及记录系统的最大误差
转向盘转角	±1 080°	±0.1°（转向盘转角±50°内） ±2°（转向盘转角±180°内） ±4°（转向盘转角±360°内） ±10°（转向盘转角±1 080°内）
横摆角速度	±50°/s	±0.1°/s（横摆角速度的绝对值±10°/s内） ±0.5°/s（横摆角速度的绝对值±50°/s内）
车身倾斜角	±15°	±0.15°
侧向加速度	±9.8 m/s²	±0.15 m/s²
汽车前进速度	0~50 m/s	±0.5 m/s
质心侧偏角	±15°	±0.5°
转向盘力矩	±150 N·m	±0.1 N·m（转向盘力矩±10 N·m内） ±1 N·m（转向盘力矩±50 N·m内） ±3 N·m（转向盘力矩±150 N·m内）
转向盘直径	1 m	±1 mm
转向盘角速度	±360°/s	±1°（转向盘速度±100°/s内） ±2°（转向盘速度±360°/s内）

2）试验条件

（1）试验汽车。

①试验前，测定车轮定位参数。对转向系统、悬架系统进行检查、调整和紧固，按规定进行润滑。只有认定试验汽车已符合厂方规定的技术条件时，才可进行试验。记录测定及检查的有关参数。

资源6-5　汽车操控性试验条件

②采用新轮胎试验，试验前至少经过 200 km 正常行驶的磨合；若用旧轮胎，试验终了时残留轮胎胎冠花纹深度不小于 1.6 mm。轮胎气压应符合汽车出厂技术要求。

③试验前，以试验车速直线行驶 10 km，或者沿半径 15 m 的圆周、以侧向加速度达 3 m/s^2 的相应车速行驶 500 m（左转与右转各进行一次），使轮胎升温。

④蛇形试验置车载荷状态为汽车最大设计总质量，转向暖态响应试验（转向盘转角阶跃输入、转向盘转角脉冲输入）、转向回正性能试验、转向轻便性试验、稳态回转试验及转向盘中心区操纵稳定性试验汽车载荷状态为最大设计总质量和轻载两种状态。轻载状态是指产车整备质量状态，除驾驶员、试验员及仪器外，没有其他加载物的状态。对于承载能力小的汽车，如果轻载质量已超过最大总质量的 70%，则不必进行轻载状态的试验。N 类车辆的装载物（推荐用砂袋）均匀分布于货箱内；M 类车辆的装载物（或假人）分布于座椅和地板上，其比例应符合汽车出厂技术要求。轴载质量必须符合厂方规定。

（2）试验场地与环境。

①试验场地应为干燥、平坦且清洁的，用水泥混凝土或沥青铺装的路面，任意方向的坡度不应大于 2%。对于转向盘中心区操纵稳定性试验，坡度应不大于 1%。

②风速应不大于 5 m/s。

③大气温度在 0℃~40℃。

④记录试验场地及环境的数据。

3）试验内容

蛇行试验：

（1）测试仪器。

①转向盘力矩、转向盘转角测量仪；

②汽车操纵稳定性测试仪；

③秒表；

④多通道数据采集系统。

（2）测量参数。

①转向盘转角；

②横摆角速度；

③车身侧倾角；

④通过有效标桩区时间；

⑤侧向加速度。

（3）试验方法。

①在试验场地上按图 6-2 及表 6-2 的规定，布置标桩 10 根。

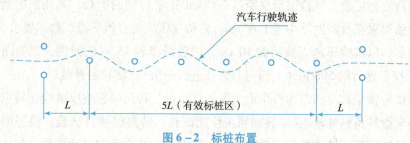

图 6-2 标桩布置

表 6-2 标桩间距及基准车速

汽车类型	标桩间距 L/m	基准车速/ $(km \cdot h^{-1})$
M1 类、N1 类和 M1G、N1G 类车辆	30	65
M2 类、N2 类和 M2G、N2G 类车辆	30	50
M3 类及最大总质量小于或等于 15 t 的 N3 类和 M3G、N3G 类车辆	50	60
M3 类（铰接客车）及最大总质量大于 15 t 的 N3 类和 M3G、N3G 类车辆	50	50

②接通仪器电源，使之预热到正常工作温度。

③试验驾驶员应具有较丰富的驾驶经验。在正式试验前，按图 6-2 所示路线，练习五个往返。

④首次试验时，试验车速为表 6-2 所示的基准车速二分之一并四舍五入为 10 的整数倍，以该车速稳定直线行驶，在进入试验区段之前，记录各测量变量的零线，然后按图 6-2 所示路线蛇行通过试验路段，同时记录各测量变量的时间历程曲线及通过有效标桩区的时间。

⑤逐步提高试验车速（车速间隔自行选择），重复④的过程，共进行 10 次（撞倒标桩的次数不计在内）。最高车速不超过 80 km/h。

（4）蛇行试验数据处理。

①试验车速。

第 i 次试验的蛇行车速按式（6-1）确定：

$$v_i = 18 \cdot L/t_i \qquad (6-1)$$

式中：v_i——第 i 次试验的蛇行车速，km/h；

L——标桩间距，m；

t_i——第 i 次试验通过有效标桩区时间，s。

②平均转向盘转角。

第 i 次试验平均转向盘转角按式（6-2）确定：

$$\bar{\delta}_{swi} = \frac{1}{4}\sum_{j=1}^{4} |\delta_{swij}| \qquad (6-2)$$

式中，$\bar{\delta}_{swi}$——第 i 次试验平均转向盘转角，(°)；

$\bar{\delta}_{swij}$——在有效标桩区内，转向盘角时间历程曲线峰值（见图2），(°)。

③平均横摆角速度。

第 i 次试验平均横摆角速度按式（6-3）确定：

$$\bar{r}_i = \frac{1}{4}\sum_{j=1}^{4}|r_{ij}| \qquad (6-3)$$

式中：$\bar{r}_i$——第 i 次试验平均横摆角速度，(°)/s；

$\bar{r}_{ij}$——在有效标桩区内，横摆角速度时间历程曲线峰值（见图6-3），(°)/s。

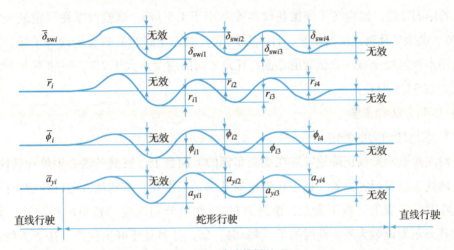

图 6-3 试验数据处理

④平均车身侧倾角。

第 i 次试验平均车身侧倾角按式（6-4）确定：

$$\bar{\phi}_i = \frac{1}{4}\sum_{j=1}^{4}|\phi_{ij}| \qquad (6-4)$$

式中：$\bar{\phi}_i$——第 i 次试验平均车身侧倾角，(°)；

$\bar{\phi}_{ij}$——在有效标桩区内，车身侧倾角时间历程曲线峰值（见图6-3），(°)。

3. 检测与试验案例

1) 试验准备

试验设备和工具：试验车辆、车速仪、转向参数测量仪（见图6-4）等。

试验原理：按国家标准规定的试验方法进行实验。

在驾驶员松开转向盘之前，驾驶员作用于转向盘的力为定值，当驾驶员松开转向盘的瞬间，保舵力由某一定值突然变为零，这实质上

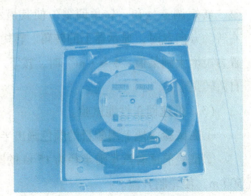

图 6-4 转向参数测量仪

是转向盘力阶跃输入的瞬态响应试验。

测量前准备：

（1）操作人员必须了解仪器的结构、技术性能和使用方法。

（2）检查并确认转向参数测试仪各部件完整、清洁、连接可靠。然后按规定把仪器固定在被测汽车转向盘上。

（3）试验汽车是按厂方规定装备齐全的汽车。试验前，测定车轮定位参数，对转向系统、悬架系统进行检查、调整和紧固，按规定进行润滑。只有认定试验汽车已符合厂方规定的技术条件，才可进行试验。试验时若用新轮胎，试验前至少应经过 200 km 正常行驶的磨合；若用旧轮胎，试验终了残留花纹高度不小于 1.5 mm。试验汽车在厂定最大总质量（驾驶员、试验员及测试仪器质量，计入总质量）状态下进行。试验场地为干燥、平坦而清洁的用水泥混凝土或沥青铺装的路面，任意方向的坡度不大于 2%，风速不大于 5 m/s，大气温度在 0℃~40℃。

2）试验方法和步骤

（1）原地转向力的测定。

将转向参数测量仪正确地安装在被测车辆的方向盘上，被测车辆必须停在转向盘上，并使车辆处于直线行驶位置。按下仪器电源开关，根据左、右转动方向选择键，让"左/右"键在其一位置上（按下为左，松开为右），然后分别调整"转角调零"和"转矩调零"使其显示器读数为零。此时按下"峰/时"键，让其处于峰值位置（按下为峰，松开为时）。按下复位键，显示器的读数为零的附近值（0~4），这时仪器处在待测状态。当向左或向右转到方向盘时，显示器上的转矩不断增大，当向左或向右转到极限位置时，记录下转矩显示器的数值，如果需长时间记录，可按下"保持"键，该读数就是方向盘的最大转矩，原地转向力的大小为显示器的读数除以被测方向盘的半径。

（2）方向盘的自由转角的测定。

将转向参数测量仪正确地安装在被测车辆的方向盘上，车辆处于静止状态。打开电源开关，"左/右"键选在其一位置上，"保持"键松开，"峰/时"键在时实位置上，分别调整"转矩调零"和"转角调零"使其显示器读数为零，仪器处于待测状态，当向左或向右转动方向盘时，显示器上的转角、转矩不断增加，当方向盘转到左极限位置和右极限位置力矩增大到某值"5 N·m"时，按下"保持"键，转角显示器上的读数就是方向盘的自由转角。

（3）低速回正性能试验。

①在试验场地上用醒目的颜色画出半径为 15 m 的圆周。

②试验前试验汽车沿半径为 15 m 的圆周、以侧向加速度达 3 m/s^2 的相应车速，行驶 500 m，使轮胎升温。

③接通仪器电源，使其达到正常工作温度。

④试验汽车直线行驶,记录各测量变量零线,然后调整转向盘转角,使汽车沿半径为 15 m±1 m 的圆周行驶,调整车速,使侧向加速度达到 4 m/s²±0.2 m/s²,固定转向盘转角,稳定车速并开始记录,待 3 s 后,驾驶员突然松开转向盘并做一标记(建议用一微动开关和一个信号通道同时记录),至少记录松手后 4 s 的汽车运动过程。记录时间内油门开度保持不变。

⑤对于侧向加速度达不到 4 m/s²±0.2 m/s² 的汽车,按试验汽车所能达到的最高侧向加速度进行试验,应在试验报告中加以说明。

⑥试验按向左转与向右转两个方向进行,每个方向三次。

3)试验数据处理与结果表达

(1)试验数据处理。

横摆角速度时间历程曲线分两大类:收敛型与发散型。对于发散型,不进行数据处理;对于收敛型,按向左转与向右转分别确定下述指标。

(2)时间坐标原点。

时间坐标原点是指在微动开关时间历程曲线上,松开转向盘时微动开关所做的标记。

(3)稳定时间。

稳定时间是指从时间坐标原点开始,至横摆角速度达到新稳态值(包括零值)为止的一段时间间隔。其均值按式(6-5)确定。

$$t = \frac{1}{3}\sum_{i=1}^{3} t_1 \qquad (6-5)$$

式中:t——稳定时间均值,s;

t_i——第 i 次试验的稳定时间,s。

(4)残留横摆角速度。

残留横摆角速度是指在横摆角速度时间历程曲线上,松开转向盘 3 s 时刻的横摆角速度值(包括零值)。按式(6-6)确定。

$$\Delta r = \frac{1}{3}\sum_{i=1}^{3} \Delta r_i \qquad (6-6)$$

式中:Δr——残留横摆角速度均值,(°)/s;

Δr_i——第 i 次试验的残留横摆角速度值,(°)/s。

操控稳定性所需试验数据:

第 1 次试验稳定时间:0.35 s;第 1 次试验的残留横摆角速度值:0.08 rad/s。

第 2 次试验稳定时间:0.52 s;第 2 次试验的残留横摆角速度值:0.12 rad/s。

第 3 次试验稳定时间:0.88 s;第 3 次试验的残留横摆角速度值:0.18 rad/s。

拓展学习：电动汽车操控性能提升分析

一、提升汽车操控性的方法

提升汽车动力性的方法主要依据汽车的技术参数与结构因素来进行分析，具体可以从以下方面考虑：

1. 动力适当

有些人对于汽车的动力会有一种误区，会认为马力越大、加速越快，车的操控性就越好，其实这一观点是错误的。对于不同车型来说，动力应该与车的调教相匹配，从而达到最好的综合性能。如果一味地追求强劲动力，而车身的支撑、刹车等性能达不到同样标准，不仅不能实现良好的操控性，反而可能带来安全隐患。

2. 底盘调教扎实

汽车的底盘调教是对于汽车操控性影响较大的（见图6-5）。不论是悬挂的支撑性还是结构与材料等因素，都是对操控车辆有影响的。相对来说，双叉臂结构的悬挂系统比麦弗逊之类的悬挂系统更适合激烈驾驶，对于车身

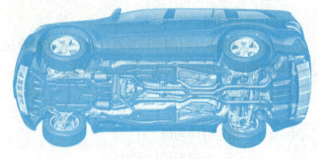

图6-5 汽车底盘

的支撑性以及控制性更好，而减振的软硬程度也应该选择自己喜欢的。而不能一味地加硬来提升操控性，因为毕竟是日常用车，而不是去赛道跑比赛。而对于日常用车来说，底盘调教的稳健很重要。在高速时不发飘，在紧急并线时能够给予车辆较好的支撑性，不至于两个S形动作就失控。同时也不能太为了操控性而牺牲舒适性，在过滤振动和起伏路面的时候应该具有较好的韧性。

3. 合适的重量和配重比

在全世界节能环保的大环境下，车辆越来越轻是一个趋势。无论是使用铝还是碳纤维等轻质材料，或是将机械部件优化结构，均可以让车辆更轻，以实现更好的经济性以及操控性。如果车子太重，对于车辆的操控性会有一些影响，过重的车身重量会让轮胎的抓地力不足以及车身的重心移动难以控制等问题更加明显。但燃油车由于发动机的存在，很难做到前后车重比例为1:1，而纯电动汽车可以将重量较重的电池组布局在底盘内部，就可以让纯电动汽车的前后车重比例接近1:1，因此可以很好地提高纯电动汽车的操控性。

4. 四轮独立驱动系统

提升小型电动汽车操控性和稳定性的有效方法之一是单独对每个车轮进行控制,也就是在车轮中加入轮毂电机。安装有轮毂电机的电动汽车能够对四个车轮进行独立控制,车轮能够有更大的旋转余地,甚至还可以将车辆停入更窄的停车位中。另外,由于轮毂电机安装在每个车轮中,因此相当于为车轮增加了额外的重量,并降低了整车的重心,提升了安全性。

具有四轮独立控制功能的电动汽车将成为未来汽车的主流结构之一,尤其是作为一辆城市小型车,其具有高效、高机动性以及环保特性。4个车轮均装载轮毂电机的电动汽车可被看作一个过驱动系统,意味着车轮能够以任何角度自由旋转。

制造一个具有高稳定性的控制系统保证车辆的安全性和可靠性,同时采用电子线控转向系统,通过实时预测车辆重心的移动并配合容错自适应控制系统,中央计算机将计算出每个车轮所需的扭矩。

此外,由于每个车轮都采用单独控制,因此可以在某个车轮执行刹车动作的同时,其他车轮依旧在执行驱动。计算机从驾驶员操控方向盘和踩下制动踏板的行为中计算最佳的行驶速度和车辆运动方式。四轮独立驱动系统相比目前大量运用的四驱系统(4WD)在操控性方面更胜一筹,单独控制车轮意味着汽车基本不会发生甩尾。虽然目前4轮均搭载轮毂电机的控制策略还不完善,但轮毂电机技术对于未来确实是很理想的解决方案,这将是实现车辆小型化和轻量化的捷径,单个车轮独立驱动的方式也能够为车辆带来之前的汽车难以具备的行驶性能和行驶特性。

5. ESP系统

车身的转弯稳定性除了硬件上的配置之外,ESP系统(见图6-6)当然也是重中之重,在高速转弯的情况下,维持车身稳定,防止汽车失控全靠这套系统的调整。ESP是英文Electronic Stability Program的缩写,中文翻译成"电子稳定程序"。

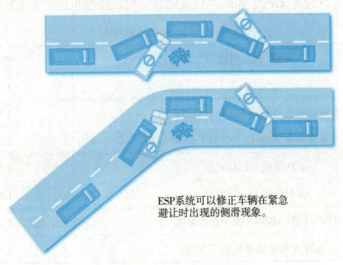

ESP系统可以修正车辆在紧急避让时出现的侧滑现象。

图6-6 ESP系统的作用

这个安全系统是主动的，不像其他如 ABS、EBD 等系统都是被动的，ESP 系统的主要作用是在车辆高速过弯时，若具有驱动和转向作用的前轮出现打滑，ESP 系统通过各种传感器传来的信号对其他车轮进行自动制动及对发动机管理系统干预，防止出现侧滑和失控，以帮助车辆维持动态平衡。ESP 系统可以使车辆在各种状况下保持最佳的稳定性，在转向过度或转向不足的情形下效果更加明显。ESP 系统的作用是在汽车发生轨道偏离时最大限度地保证汽车不跑偏、不甩尾、不侧翻。比如，车辆在行驶过程中躲避障碍物或突然猛打转向时，轮胎打滑导致车辆的运动方向和速度无法受驾驶者控制时，ESP 系统就会启动，对没有失控的车轮进行制动干预，从而帮助驾驶员恢复对车辆的控制，来保证行驶安全。

二、提升电动汽车操控性的技术及比亚迪运用车型举例

毫无疑问，自纯电动汽车出现以来，汽车产业正进行着一场波澜壮阔的革命。在我国汽车市场，新能源车企也像雨后春笋般崛起，纯电动汽车广告铺天盖地。然而在如此繁杂的国产纯电动车型信息里，我们很少见到有以操控为卖点或是主打驾驶乐趣的纯电动汽车，这到底是什么原因？

谈到操控感，这是车友们一直讨论的话题，得到最多认同的答案就是车辆更轻盈，更灵活，更好掌握。想让车辆更轻盈，车身的轻量化是众多新能源汽车厂商需要面对的第一个问题。由于独有的构造和动力系统的特殊性，传统纯电动汽车想减重只能从电池和车身材料的减配入手，但是不管采取哪种方式，都会带来车辆续航距离变短和性能的降低。这种情况下，厂商往往只能"两害相权取其轻"，保证实用性，避谈减重和操控。轻量化也成为横亘在纯电动汽车技术方面的难题。

我们可以拿纯电动汽车和燃油汽车做一下对比，作为同级别的四款车，纯电动的广汽传祺 Ge3 比同级别的燃油车型福克斯重了 364 kg；纯电动的吉利帝豪 Gse 更是比大众高尔夫车身重了 350 kg（见表 6-3）。这就相当于纯电动车型比同级别燃油车型多承载大约 5 个成年人的重量，当纯电动汽车如此"负重前行"时，操控乐趣实在无从谈起。

表 6-3 同级车型质量对比

车型/对比科目	整备质量
比亚迪 e2	1 250 kg
长安福特福克斯两厢 1.5 L 自动锋跃型	1 303 kg
一汽大众高尔夫 2019 款 200TSI DSG 舒适型	1 285 kg
上汽荣盛 ei5 2019 款	1 555 kg
吉利帝豪 Gse 领尚型	1 635 kg
广汽传祺 Ge32018 款 310 乐豪版	1 667 kg
几何 A 高维标准续航平方版	1 650 kg

学习任务六　电动汽车操控性能检测

国产纯电动汽车就是因为车身自重的原因，一直避谈操控，直到比亚迪 e2 的出现。在比亚迪造车团队的努力下，整车长、宽、高分别 4 240 mm、1 760 mm、1 530 mm 的情况下，整备质量却只有惊人的 1 250 kg。这让 e2 的轻量化水平遥遥领先于同级别续航水平的纯电动汽车，即使与高尔夫或福克斯这种以操控见长的燃油汽车比也毫不逊色。e 系列提升如图 6-7 所示。

图 6-7　e 系列提升

解决了轻量化车身这个难题后，再来看 e2 作为纯电动车型的操控优势。它配备了比亚迪新一代动力总成，具有体积小、重量轻、效率高等优点；纯电动汽车起步和加速的天生优势，也让 e2 的动力呈线性输出，流畅而没有顿挫感。值得一提的还有 e2 的底盘，经过前奔驰 S 级底盘调校外籍专家汉斯两个月的专业调校，让 e2 的底盘性能达到行业一流水平，带来兼具操控性与舒适性的驾乘体验。轻量化车身再辅以优良的动力及底盘悬架系统，这些特性都赋予 e2 颠覆性的纯电动驾驶乐趣，驾控感受远远强于同级别竞品（见图 6-8）。所有的伟大都源于一个伟大的开始，"轻装上阵"的比亚迪 e2 勇敢地扛起了操控这面大旗。

图 6-8　比亚迪 e2

 考核与评价

1. 什么是汽车的操控性?
2. 汽车操控性的主观评价指标是什么?
3. 汽车操控性的客观评价指标是什么?
4. 电动汽车操控性检测的试验标准是什么?
5. 电动汽车操控性检测的试验方法和流程有哪些?
6. 提升电动汽车操控性的方法有哪些?

学习任务七

电动汽车平顺性能检测

本章概述

  汽车的行驶平顺性不仅影响驾乘人员的乘坐舒适性和身体健康，还直接影响着汽车的动力性、经济性和操作稳定性等相关性能。因此，汽车行驶平顺性是汽车的重要性能之一，如何提高汽车的行驶平顺性也成为汽车生产厂家一个十分重要的课题。学习汽车平顺性检测与评价的知识是汽车检测不可或缺的一环，本章就对电动汽车平顺性检测与评价展开学习。

  在本章内容中，需要同学们掌握的知识主要包括：①了解电动汽车平顺性的概念及评价内容；②熟悉电动汽车平顺性检测的标准、试验条件和方法。需要掌握的能力主要包括：能够对电动汽车的平顺性进行客观的评价。

 学习项目任务分解

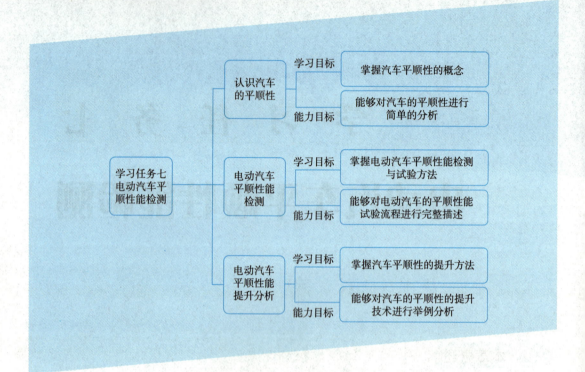

知识储备：认识汽车的平顺性

一、汽车平顺性概念

汽车的平顺性主要指路面不平引起的汽车振动，频率范围为 0.5～25 Hz。汽车的平顺性主要是保持汽车在行驶过程中产生的振动和冲击环境对乘员舒适性的影响在一定界限之内。

资源 7－1　电动汽车平顺性概念

汽车的平顺性可通过图 7－1 所示的 "路面—汽车—人"系统框图来分析。

图 7－1　"路面—汽车—人"系统框图

二、汽车平顺性评价方法及评价指标

1. 人体对振动的反应

机械振动对人体的影响，取决于振动的频率、强度、作用方向和持续时间，如图 7－2 所示。

1974 年，国际标准化组织（International Standard Organization，ISO）在综合大量有关人体全身振动研究成果的基础上，制定了国际标准 ISO 2631：《人体承受全身振动评价指南》。

1997 年公布了 ISO 2631—1：1997（E）《人体承受全身振动评价——第一部分：一般要求》，此标准对于评价长时间作用的随机振动和多输入点多轴向振动环境对人体的影响时，能与主观感觉更好地符合。许多国家都参照它进行汽车平顺性的评价。

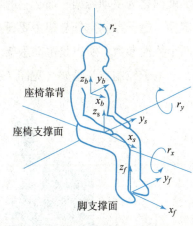

图 7－2　人体坐姿受振模型

2. 平顺性的评价方法

ISO 2631—1：1997（E）标准规定，当振动波形峰值系数＜9（峰值系数是加权加速度时间历程 $a_w(t)$ 的峰值与加权加速度均方根值 a_w 比值的绝对值）时，用基本的评价方法——加权加速度均方根值来评价振动对人体舒适和健康的影响。

当峰值系数＞9时，ISO 2631—1：1997（E）标准规定用加权加速度4次方和根值的方法来评价，它能更好地估计偶尔遇到过大的脉冲引起的高峰值系数振动对人体的影响。

三、影响汽车被动安全性的因素分析

1. 汽车悬架

汽车的结构里面对汽车的平顺性影响最核心的是悬架，从悬架的类型来说，从简单的麦弗逊悬架到双叉臂/横臂悬架、多连杆悬架和扭力梁式的悬架，在现在的汽车当中都有使用。从汽车的平顺性

资源7-2 影响汽车平顺性的主要因素

的这个角度出发，多连杆悬架无疑是有一定优势的。同时，电子控制的空气悬架，对提升车辆的平顺性也有非常大的优势。车在行进的过程中时，它的状态是时刻发生变化的，它面临的环境也是在不断变化的。如汽车需要有时候在高速行驶，有时候需要以低速的形式行驶，有时需要踩制动踏板，有时候需要起步，有时候路面情况良好，有时路面情况糟糕……这些不同的状况，对于悬架的特性的要求也应该是不一样的。当然，在传统生活用车的选择当中，悬架的特性是不能够根据这些不同的状态来进行调整和优化的，这样就势必带来了悬架的舒适性不能全面满足消费者的要求。更好的悬架系统是悬架的特性能够根据汽车的装载的质量、车速和路面的变化来发生改变，从而提高汽车的乘坐舒适性和操纵稳定性。

悬架的特性主要是悬架的刚度和悬架的阻尼特性。如果这两个特性参数都能够调节，那就称之为主动悬架，那么它的舒适性是比较高的，能够提供很好的乘坐舒适度和操纵稳定性。电子控制空气悬架主要通过控制悬架减振器的阻尼和空气弹簧的刚度来调节悬架的两个特性参数，所以是主动悬架。

电子控制空气悬架（见图7-3）主要的构成部件：

图7-3 电子控制空气悬架

传感器——车速、启动、加速度、转向、制动、路面状况、车身高度等。

电控模块（悬架 ECU）：

执行元件——电磁阀、步进电机、电动机等。

通常来讲，装备空气式可调悬架的车型前轮和后轮的附近都会设有离地距离传感器，按离地距离传感器的输出信号，行车电脑会判断出车身高度变化，再控制空气压缩机和排气阀门，使弹簧自动压缩或伸长，从而降低或升高底盘离地间隙，以增加高速车身稳定性或复杂路况的通过性。

任务实施：电动汽车平顺性能检测

1. 检测与试验标准

GB/T 4970—2009《汽车平顺性试验方法》（见图 7-4）规定了汽车平顺性试验的方法。

资源 7-3　汽车平顺性检测标准　　　图 7-4　GB/T 4970—2009《汽车平顺性试验方法》

该标准于 2009 年发布，由 TC114（全国汽车标准化技术委员会）归口，主管部门为工业和信息化部。

起草单位：中国第一汽车集团公司技术中心。

2. 检测与试验流程

1）试验设备

（1）试验仪器。

平顺性试验仪器系统应包括加速度传感器、放大器、数据采集仪、车速仪、法波器等。由试验仪器构成的测试系统应适宜于冲击测量，其性能应稳定、可靠。

（2）脉冲试验用凸块。

脉冲输入应采用图 7-5 所示三角形状的单凸块。根据试验条件不同，脉冲输入也可用其他高度的凸块或减速带。

资源 7-4 汽车平顺性试验设备

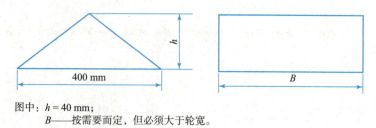

图中：h = 40 mm；
B——按需要而定，但必须大于轮宽。

图 7-5 三角形凸块

（3）加速度传感器。

GB/T 4970—2009《汽车平顺性试验方法》规定了汽车平顺性试验加速度传感器的安装。

加速度传感器安装在下列位置：

① M 类车辆：驾驶员及同侧最后排座椅椅垫上方、座椅靠背、脚部地板；

② N 类车辆：驾驶员座椅椅垫上方、座椅靠背、脚部地板、车厢地板中心以及与驾驶员同侧距车厢边板、车厢后板各 300 mm 处的车厢地板上。

座椅椅垫上方、座椅靠背、脚部地板上需测量三个方向的振动，加速度时间历程包括垂直（Z 轴向）振动、横向（Y 轴向）振动和纵向（X 轴向）振动。车厢地板处的加速度传感器只需测量垂直振动。

座椅靠背上的传感器布置参见图 7-6；脚部地板上的传感器布置在驾驶员（或乘员）两脚中间位置。安装在座椅椅垫上方、座椅靠背上的传感器应与人体紧密接触，座椅椅垫上方传感器结构见图 7-6（a）、座椅靠背传感器结构见图 7-6（b）。

可根据需要适当增加测点。

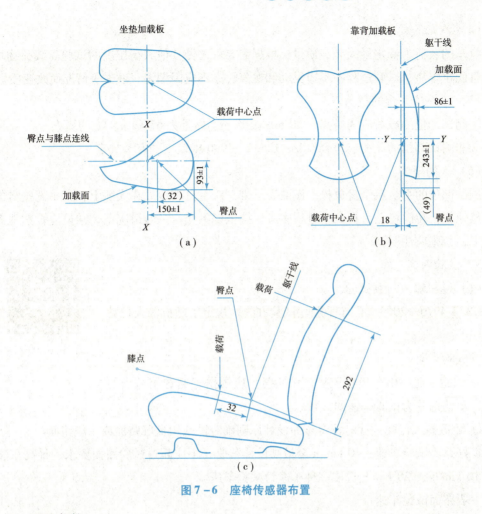

图 7-6 座椅传感器布置

2）试验条件

(1) 道路。

试验道路应平直，纵坡不大于1%，路面干燥，不平度应均匀无突变，累计的试验路面总长度不应小于试验样本个数要求的最短路面长度，并且两端应有 30~50 m 的稳速段。

脉冲输入行驶的试验道路为沥青路面或水泥路面，路面等级按照 GB/T 7031—2005 规定的 A 级路面。随机输入行驶的试验道路为沥青路面或水泥路面，具体试验路面等级根据需要确定。

资源 7-5 汽车平顺性试验条件

(2) 风速。

风速不大于 5 m/s。

(3) 汽车技术状况。

①汽车各总成、部件、附件及附属装置（包括随车工具与备胎）应按规定装备齐全，并装在规定的位置上。调整状况应符合该车设计技术条件的规定。

②轮胎充气压力应符合汽车设计技术条件的规定，误差不超过规定充气压力的 ±3%。

（4）汽车的载荷。

汽车的载荷为额定最大装载质量，根据需要可增做其他载荷工况的试验。载荷物均匀分布且固定牢靠，试验过程中不应晃动和颠离，亦不应因潮湿、散失等情况而改变质量。

（5）人—椅系统的载荷。

①测试部位的载荷应为身高 1.70 m ±0.05 m、体重为 65 kg ±5 kg 的真人。

②非测试部位的载荷应符合 GB/T 12534—1990 中表1的有关规定。

（6）人的坐姿。

测试部位的乘员应全身放松，佩戴安全带，双手自然地放在大腿上，其中驾驶员的双手自然地置于转向盘上，在试验过程中应保持坐姿不变。一般情况下，乘员应自然地靠在靠背上，否则应注明。

3）试验内容

（1）随机输入行驶试验。

GB/T 4970—2009《汽车平顺性试验方法》规定了随机输入行驶试验如下：

资源 7-6　随机输入行驶实验

①试验车速。

a. 试验车速应由车速仪监控，试验时，应根据车速选用适当的挡位，车速偏差为试验车速的 ±4%。

b. 随机输入行驶：针对特定车的设计原则确定试验用良好路面或一般路面。

良好路面试验车速：40 km/h 至最高设计车速（不应超过试验路面要求的最高车速），每隔 10 km/h 或 20 km/h 选取一种车速为试验车速。

一般路面试验车速：

M 类车辆：40 km/h、50 km/h、60 km/h、70 km/h；

N 类车辆：30 km/h、40 km/h、50 km/h、60 km/h。

②随机输入行驶试验方法。

a. 试验时，汽车应在稳速段内稳住车速，然后以规定的车速匀速驶过试验路段，测量各测试部位的加速度时间历程。

b. 样本记录长度应满足数据处理的最少数据量要求。

③随机输入行驶评价方法。

对乘员（或驾驶员）人体及脚部地板处的振动用加权加速度均方根值 $\bar{a}_w$ 评价，并分别用 $\bar{a}_{wx}$，$\bar{a}_{wy}$，$\bar{a}_{wz}$ 表示前后方向、左右方向和垂直方向振动的加权加速度均方根值。人体及脚部地板处振动也可用综合总加权加速度均方根值 $\bar{a}_v$ 来表示。货车车厢的振动用加速度均方根值评价。

随机输入行驶试验的评价指标的意义与计算见 GB/T 4970—2009《汽车平顺性试验方法》附录 A。

汽车随机输入行驶平顺性以评价指标与车速的关系曲线作为基本评价方法。根据需要，随机输入行驶平顺性亦可只用常用车速的评价指标来评价。

（2）脉冲输入行驶试验。

GB/T 4970—2009《汽车平顺性试验方法》规定了脉冲输入行驶试验如下：

①试验车速。

a. 试验车速应由车速仪监控，试验时，应根据车速选用适当的挡位，车速偏差为试验车速的±4%。

b. 脉冲输入行驶：试验车速为10 km/h、20 km/h、30 km/h、40 km/h、50 km/h、60 km/h。

资源7-7 脉冲输入
行驶实验

②脉冲输入行驶试验方法。

a. 将凸块放置在试验道路中间，并按汽车轮距调整好两个凸块间的距离。为保证汽车左右车轮同时驶过凸块，应将两个凸块放在与汽车行驶方向垂直的一条直线上。

b. 试验时，汽车以规定的车速匀速驶过凸块。在汽车通过凸块前50 m应稳住车速。当汽车前轮接近凸块时开始记录，待汽车驶过凸块且冲击响应消失后，停止记录。

c. 每种车速的有效试验次数应不少于5次。

③脉冲输入行驶评价方法。

a. 基本评价方法。

当振动波形峰值系数（见GB/T 4970—2009《汽车平顺性试验方法》附录A）小于9时，脉冲输入行驶试验用座椅椅垫上方、座椅靠背、乘员（或驾驶员）脚部地板和车厢地板最大（绝对值）加速度响应$\ddot{Z}_{max}$与车速v的关系评价。

峰值系数是加权加速度时间历程$a_w(t)$的峰值（绝对值最大）与加权加速度均方根值$\overline{a}_w$比值的绝对值。

最大（绝对值）加速度响应$\ddot{Z}_{max}$的计算：

$$\ddot{Z}_{max} = \frac{1}{n}\sum_{j=1}^{n}\ddot{Z}_{maxj}$$

式中：n——脉冲试验有效试验次数，$n \geqslant 5$；

$\ddot{Z}_{max}$——最大（绝对值）加速度响应，单位为米每二次方秒（m/s²）；

$\ddot{Z}_{maxj}$——第j次试验结果的最大（绝对值）加速度响应，单位为米每二次方秒（m/s²）。将计算结果列入试验结果记录表，见GB/T 4970—2009《汽车平顺性试验方法》中表A.1。

b. 辅助评价方法。

当峰值系数大于9时，用基本评价方法不能完全描述振动对人体的影响，还应采用辅助评价方法即振动剂量值来评价（见GB/T 4970—2009《汽车平顺性试验方法》中附录A）。

峰值系数是加权加速度时间历程$a_w(t)$的峰值（绝对值最大）与加权加速度均方根值$\overline{a}_w$比值的绝对值。

振动剂量值VDV（单位m/s$^{1.75}$）按GB/T 4970—2009《汽车平顺性试验方法》中式

（A.2）计算：

$$VDV = \left[\int_0^T a_w^4(t)\,dt\right]^{\frac{1}{4}}$$

式中：$a_w(t)$ ——加权加速度时间历程，单位为米每二次方秒（m/s²）；

　　　T——作用时间（从汽车前轮接触凸块到汽车驶过凸块且冲击响应消失时间段），单位为秒（s）。

3. 检测与试验案例

（1）基于平稳随机振动理论，通过测定道路不平度所引起的汽车的随机振动，分析其对成员和货物的影响，以评价汽车的行驶平顺性。

（2）通过测量汽车的通过角、离去角和最小转弯半径，研究汽车的几何参数对汽车通过性的影响。

1）平顺性试验

（1）试验准备。

实验设备和工具：试验车辆、米尺、加速度传感器等。

试验道路为平直的沥青路面或水泥路面，纵坡不大于1%，路面干燥，不平度应均匀无突变，试验时风速不大于5 m/s，汽车技术状况符合该车设计技术条件的规定，汽车载荷为额定最大装载质量。

测试部位的载荷应为身高（1.70±0.05）m、体重为（65±5）kg 的真人。测试部位的成员应全身放松，佩戴安全带，双手自然地放在大腿上，其中驾驶人的双手自然地置于转向盘上，在试验过程中应保持坐姿不变。

将凸块置于试验道路中间，并按汽车轮距调整好两凸块间的距离。为保证汽车左右车轮同时驶过凸块，应将两凸块放在与汽车行驶方向垂直的一条直线上。加速度传感器安装于驾驶人及同侧最后排座椅椅垫上方、座椅靠背、脚部地板上。

（2）试验方法和步骤。

试验车速为 10 km/h、20 km/h、30 km/h、40 km/h。

试验前，将凸块置于试验道路中间，其中凸块的尺寸如图 7-7 所示。按汽车轮距调整好两凸块间的距离。为保证汽车左右车轮同时驶过凸块，将两凸块放在与汽车行驶方向垂直的一条直线上。

试验时，汽车以规定的车速均匀驶过凸块。在汽车通过凸块前 50 m 时稳定车速。当汽车前轮接近凸块时开始记录，待汽车驶过凸块且冲击响应消失后停止记录。

图 7-7 三角形凸块

(3) 试验数据处理。

①最大加速度响应。

$$\ddot{Z}_{\max} = \frac{1}{n}\sum_{j=1}^{n}\ddot{Z}_{\max j}$$

式中：n——脉冲试验有效试验次数，$n \geqslant 5$；

$\ddot{Z}_{\max j}$——第 j 次试验结果的最大加速度响应（m/s²）

平顺性试验所需试验数据见表 7-1。

表 7-1 平顺性试验所需试验数据

加速度/(m·s⁻²) \ 车速/(km·h⁻¹)	10	20	30	40
1	4.35	5.29	6.48	7.72
2	4.21	5.22	6.57	7.88
3	4.13	5.51	6.22	7.21
4	4.23	5.37	6.33	7.55
5	4.41	5.55	6.46	7.82

2) 通过性试验

(1) 试验准备。

试验设备和工具：试验车辆、米尺、加速度传感器等。

试验场地为平整的混凝土或沥青路面，其大小应能允许车辆做直径不小于 30 m 的圆周运动。试验车辆的轮胎、车轮定位参数和转向轮的最大转角应符合该车技术条件规定。汽车处于空载状态，只乘坐一名驾驶员，全轮着地。对最小转弯通道圆外圆直径接近 25 m 的车辆，应增加满载状态下的试验。测量所用钢卷尺量程不小于 30 m，精度不小于 0.1%。

(2) 试验方法和步骤

最小转弯直径测量：

根据需要，选择车身上离转向中心最远点、最近点和车轮胎面中心上方安装行驶轨迹显示装置。汽车处于最低前进挡并以较低的车速行驶，转向盘转到极限位置并保持不变，稳定后起动轨迹显示装置，车辆行驶一周，使各测点分别在地面上显示出封闭的运动轨迹，然后将车开出测量区域。用钢卷尺测量各测点在地面上形成的轨迹圆直径。测量时应在相互垂直的两个方向测量，并向左向右移动，读取最大值；取两个方向的测量值的算术平均值作为测试结果。汽车向左转和向右转各测量一次，记录试验结果。如果左、右转方向测得的试验结果之差在 0.1 m 以内，则取左、右试验结果的平均值作为该车的最终结果，否则以左、右转方向测得的试验结果的较大值作为最终结果。

用量尺测量水平地面与切于前轮胎外缘之间的距离 h_1，测量前轮胎外缘与汽车前部垂

直平面之间的距离 h_2，测量汽车前部与地面间的垂直距离 h_3，最后应用勾股定理测得接近角 α。

用量尺测量水平地面与切于后轮胎外缘之间的距离 h_1，测量后轮胎外缘与汽车前部垂直平面之间的距离 h_2，测量汽车后部与地面间的垂直距离 h_3，最后应用勾股定理测得接近角 β。

测量相应数据：

①前外轮最小转弯直径 d_1。

前外轮最小转弯直径是指汽车前轮处于最大转角状态行驶时，汽车前轴离转向中心最远车轮胎面中心在地面上形成的轨迹圆直径。

②后内轮最小转弯直径 d_2。

后内轮最小转弯直径是指汽车前轮处于最大转角状态行驶时，汽车后轴离转向中心最近车轮胎面中心在地面上形成的轨迹圆直径。

③最远点最小转弯直径 d_3。

最远点最小转弯直径是指汽车前轮处于最大转角状态行驶时，车体离转向中心最远点形成的轨迹圆直径。

④最近点最小转弯直径 d_4。

最近点最小转弯直径是指汽车前轮处于最大转角状态行驶时，车体离转向中心最近点形成的轨迹圆直径。

⑤最大通道宽度 B。

最大通道宽度是指汽车最远点最小转弯直径与最近点最小转弯直径之差的 1/2。

3）试验数据处理

试验数据见表 7-2。

表 7-2 试验数据

回转方向 测定项目	左转
前外轮最小转弯直径 d_1 /mm	10.68 m
后内轮最小转弯直径 d_2 /mm	5.64 m
最远点最小转弯直径 d_3 /mm	10.9 m
最近点最小转弯直径 d_4 /mm	5.5 m
最大通道宽度 B/mm	2.7 m

拓展学习：电动汽车平顺性提升分析

一、提升汽车平顺性的方法

提升汽车平顺性的方法具体可以从以下方面考虑提升。

1. 悬架弹性对汽车行驶平顺性的影响

悬架弹性对车身振动频率起着决定性的作用。将汽车车身看成一个在弹性悬架上作做自由度振动的质量时,减少悬架刚度,可降低车身的固有频率,提高汽车行驶的平顺性。采用具有非线性特性的变刚度悬架,即悬架的刚度随载荷而变,这样可以使得在载荷变化时,保持车身振动的固有频率不变,从而获得良好的平顺性。同时,还可防止大幅度的车轮振动造成车轮离开地面,以及紧急制动时产生严重汽车"点头"的现象。悬架的非线性弹性特性,可通过在线性悬架中加入辅助弹簧、复合弹簧,采用适当的导向机构以及适当的车架支承方式,选用具有非线性特性的弹性元件等方法来实现。

2. 悬架阻尼对汽车行驶平顺性的影响

悬架系统中的阻尼可衰减车身的自由振动,并抑制车身和车轮的共振,减少车身的垂直振动加速度和车轮的振幅。悬架的阻尼主要由减振器和悬架系统中的摩擦副组成。适当调整悬架系统的阻尼不仅可以提高汽车的平顺性,而且还可以增加悬架的角刚度,改善车轮与道路的接触情况,防止车轮跳离地面,因而改善汽车的稳定性,提高汽车的行驶安全性。

3. 轮胎对汽车行驶平顺性的影响

轮胎对行驶平顺性的影响取决于轮胎的径向刚度、轮胎的展平能力以及轮胎的内摩擦引起的阻尼作用。轮胎也是一个弹性元件,由于轮胎的作用,悬架刚度比弹簧刚度减少 $10\% \sim 15\%$。在弹簧刚度不变的情况下,减少轮胎的径向刚度即降低轮胎胎压,悬架刚度值下降,悬架的固有频率下降,从而提高行驶平顺性。当汽车在不平路面上行驶时,由于轮胎变形的影响,轮心位移曲线较道路断面轮廓要圆滑平整,其波长比道路不平的波长要大,曲线的幅值比道路不平的幅值小,这就是轮胎的展平作用。轮胎的径向刚度越小,这种展平作用越明显。展平作用大,可使车身的振动减小,并可使车轮的高频共振在更高的车速下才会发生。减小轮胎的径向刚度,轮胎的径向变形较大,轮胎的地面接触面积增加,这对提高轮胎对地面的附着能力有利,此外还使轮胎内摩擦消耗的功增加,使悬架对振动的衰减作用增加。不应随意降低轮胎胎压来减小轮胎的径向刚度,因为这样可能导致操作性能的大幅下降以及滚动阻力增加等一系列问题。

4. 座椅对汽车行驶平顺性的影响

座椅布置对乘员的疲劳程度有很大影响,实际感受和试验表明:座椅接近车身的中部,越接近于质心,乘员感到的振动越小。为了减少水平前后方向的振幅,应尽量减小座椅与质心在高度上的差别。坐垫弹簧刚度的选择要适当,既要使座椅系统的固有频率不在最敏感频率 $4 \sim 8 \, Hz$ 的范围内,又要尽量不与车身的固有频率重合,减少共振。座椅系统的相对阻尼系数应达到 0.2,才会有较好的减振效果。此外,乘坐的舒适性还在很大程度上取决于座椅的结构、尺寸、布置方式,旋转部件的动平衡,车身和驾驶室的密封性等。

二、提升电动汽车平顺性的技术及比亚迪运用车型举例

比亚迪第三代 DM 技术的 BSG 电机工作电压为 360～518 V，可以直接用动力电池供电，省去很多过渡产品还在使用的启动电池。而其最大功率为 25 kW，比 WEY P8 的 BSG 电机大了 10 kW，对于 BSG 电机来说，功率大不是为了驱动，而是为了能够获得更高的发电效率。DM3 的 BSG 电机发电效率最高达到 94%，在最关键的 10 km/h 蠕行状态时，发电效率提升了 45%，这也是 DM3 电量保持能力超强的原因（见图 7 - 8）。

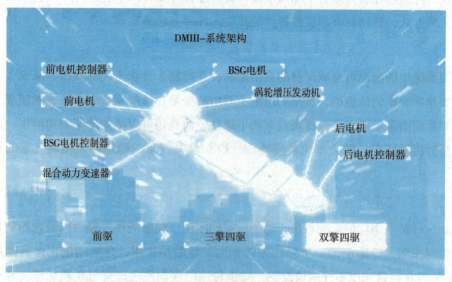

比亚迪的第三代 DM 双模混合动力系统，也属于插电式混合动力的一种，但使用了 P0 + P3 + P4 的创新结构，也就是发动机 + 高压 BSG 电机 + 前后桥 2 个主电机。

图 7 - 8　比亚迪 DM3

全新 BSG 电机（见图 7 - 9）的加入，让原有前电机可以不承担或少承担发电职能，可以说是各司其职，也因此让 DM3 在原有四种驱动模式的基础上增加了一种叫作"发动

图 7 - 9　比亚迪 BSG 电机

机串联驱动"的模式。这个模式主要在刚才提到的低速蠕行状态时发挥作用，开过混合动力车的人应该知道，低速行驶时充电的过程会变得很慢，这是因为 P3 电机与车轮连接，他的发电转速完全由车轮转速决定，车开不起来当然充电缓慢。装备 BSG 电机的 DM3 则完全不会，蠕行时发动机与车轮断开，在最经济的转速下带动 BSG 电机发电，相当于你平时怠速时浪费掉的能量被充分利用起来发电。此时车辆利用电机驱动，效率更高，也避免冲击顿挫的感觉，提升舒适性。

当然，除了效率的提升，BSG 电机的另一项好处有点出乎意料：它显著提升了行驶舒适性。首先，比亚迪 DM3 系统中的 BSG 电机取代了起动机，而且是皮带传动，这样就避免了起动冲击；其次，BSG 电机的起动拉升转速能够达到 800 r/min，超过了发动机怠速，所以点火时的摆动问题也一并消失；最后，BSG 电机还起到扭矩补偿作用，什么意思？当换挡过程中发动机的转速过高或过低都会带来冲击，这时 BSG 就会主动增加或者降低发动机转速，达到无缝衔接的效果。

在动力平顺性上，第三代 DM 技术完全避免了 DCT 反拖过程，BSG 电机可将发动机拉升至任意转速区间，从而达到主动控制换挡转速区间的目的，减少冲击。在整车 NVH 层面，第三代 DM 技术还可以创造同级别最静谧的动力工况，全新一代唐 DM 车内怠速噪声仅为 36.5 dBA，比图书馆还要安静 3.5 dBA。而根据全球 AVL 数据库的测评数据显示，在 3 000~6 000 r/min 这一主要转速区间内的噪声表现同样优于行业水平。

BSG 全名叫 Belt-Driven Starter Generator，可以翻译成"皮带传动起动/发电一体化电机"。BSG 电机根据安置的位置不同，而有不同的作用，比如近期开始大规模被运用的 48 V 轻混就是其中一种。而比亚迪此次所采用的 BSG 电机功率达到了最高 25 kW，事实上这个功率已经足够驱动一台微车了，比如新宝骏 E100 E200 都不到 25 kW。

秉着能力越大责任越大的原则，工程师怎么可能放过这台高功率 BSG 电机，它不仅要负责起停发动机，还要快速将发动机的转速提高到平稳运转的工况，躲过我们日常发动车辆时的抖动区间，同时在换挡时也需要快速平衡发动机与变速箱之间的转速差，避免换挡顿挫。

也就是说 BSG 负责的起停工作是"全速域"的，当任何工况下需要发动机出力了，BSG 电机就需要快速叫醒 0 转速的发动机，并达到和变速箱相同转速区间，还不能被驾驶者发现。当行驶工况不需要发动机的时候，BSG 电机又要快速吸干发动机在停转前的能量，同样不能被驾驶者发现。所以，因为 BSG 电机的存在，你在驾驶的过程中很难依靠身体发现发动机何时开始工作，何时换挡，何时涡轮介入，不仅让整个运行工况变得更加平顺而且提升了 NVH。

同样因为高功率，这台 BSG 电机在很大程度上增加了发电能力，也因此才让汉 DM 的 HEV 串联模式有了在中低速行驶工况下的"增程式"驱动。（普通混合动力车型在中低速行驶时电机发电能力较弱。）

比亚迪汉 DM（见图 7-10）是不需要单独的起停功能的（因为 BSG 电机的主要工作

之一就是起停),当电池有电时,低速行驶工况或者怠速时发动机不起动;而当电池没电时,低速行驶工况和怠速时发动机则会选择为电池充电。

图 7-10 汉 DM

另外,比亚迪还为比亚迪汉 DM 增加了一个主动充电功能(不插电的那种),只要在停车状态下,挂入 P 挡,踩下油门,发动机就会起来带动 BSG 电机发电,当油门踏板到底时,将得到最高 8 kW 的充电功率。要知道在用电高峰时,或一些较老的慢充桩上,也就这个水平了。

这样的话,如果在等人或者堵车、等红灯时,就可以选择性地为电池增加一个比怠速更高的充电值。如果你想要停止这一切,只要轻点刹车,即可取消。

汉 DM 可以通过中控系统的新能源模块,进行 SOC 设置,这项功能是调节电池保电量的,简单点说,SOC 将决定发动机工作时,是否需要额外为电池充电。

当需要长途驾驶,或者近期不打算充电时,可以将 SOC 放在较高的位置,这样能为电池存下更多的电量。

如果只是作为日常上下班代步使用,行驶里程数和电池续航量接近,回家又得充电,那不妨将 SOC 放在较低的位置,这样就拥有了一台纯电动汽车了。25 kW 本身已经足够驱动一台微车了,所以在急加速时这台 BSG 电机也同样需要为"为车"效力。

而当高功率 BSG 电机身兼数职之后,也让发动机舱变得更加精简。同时因为高功率电机以"扭力"为指标进行调速,在避免抖动的前提下,还能避开不必要的低功耗运转区间,也减少了不必要的摩擦,从而提高了能效。

广义上来说,大家认为变速箱的积极降挡,以及推背感强烈,是一台车运动属性的明确标志,动力、弯道操控能力、加速能力等经常会被变为以上明显的身体感受所替代。

而当高功率 BSG 电机快速中和整体的扭力平衡时,会让整个动力输出变得十分线性,让你几乎感受不到这些原本应该被大家诟病的"顿挫感",而这些"顿挫感"却时常被误以为是一台车运动的象征之一。当它变得平顺且快速时,看着 4.7 s 的加速成绩,也能坐实性能车的名号。

 考核与评价

1. 什么是汽车的平顺性?
2. 汽车平顺性的评价指标是什么?
3. 汽车悬架的种类与悬架的特性是什么?
4. 电动汽车平顺性检测的试验标准是什么?
5. 电动汽车平顺性检测的试验方法和流程有哪些?
6. 提升电动汽车平顺性的方法有哪些?

学习任务八
电动汽车电磁兼容性能检测

本章概述

  汽车电磁兼容性（EMC）是保证整车及其各分系统设备正常工作的关键技术。随着现代汽车工业的发展，包括汽车电子技术的快速发展，汽车 EMC 问题的发展速度已经远远超过汽车技术发展的平均水平。日益增多的汽车电子产品，如循迹控制系统（TCS）、全球卫星定位系统（GPS）等，使狭小的空间充斥着越来越多的电子产品，因此不可避免地使电磁兼容问题更加复杂。尤其对于新能源汽车来说，驱动电动机、大功率器件等电气电子设备的增多，各种类型的电气电子设备集中布置以及整车的各种设备通过电气电子设备连接在一起，电磁波频率变化范围从数千赫兹到兆赫兹，构成了极其复杂的电磁环境，因此电磁兼容问题成为汽车研究中的关键问题之一，所以对于电动汽车的电磁兼容性检测与评价的知识学习非常重要，本章就对电动汽车电磁兼容性检测与评价展开学习。

  在本章内容中，需要同学们掌握的知识主要包括：①了解电动汽车电磁兼容性的概念及评价内容；②熟悉电动汽车电磁兼容性检测的标准、试验条件和方法。需要掌握的能力主要包括：能够对电动汽车的电磁兼容性进行客观的评价。

学习项目任务分解

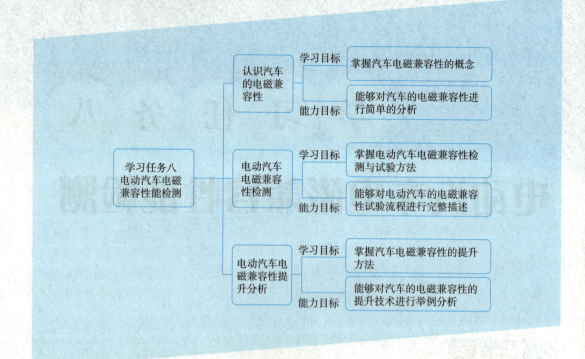

知识储备：认识汽车的电磁兼容性

一、汽车电磁兼容性概念

电磁兼容性（Electromagnetic Compatibility），常常缩写成 EMC，是指在不损失有用信号所包含的信息条件下，信号和干扰共存的能力。

资源 8-1　电动汽车电磁兼容性的概念

汽车的电磁兼容性（Automotive Electromagnetic Compatibility）是指车辆或零部件或独立的技术单元在其电磁环境中能够正常工作，既不干扰其他设备，同时也不受其他设备电磁骚扰的能力。

与传统燃油汽车相比，电动汽车的电磁环境更复杂。

汽车的电磁兼容性分类如图 8-1 所示。

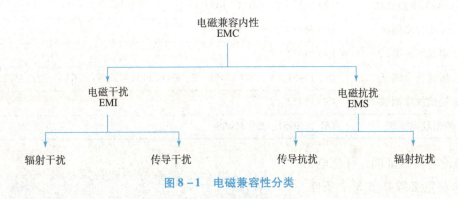

图 8-1　电磁兼容性分类

二、汽车电磁兼容性评价方法及评价指标

汽车的电磁兼容性定义直接给出了对电气电子设备电磁兼容性两个方面的要求：一方面是不要被干扰，用电磁敏感度（Electromagnetic Sensitivity，缩写 EMS）表示；另一方面是别干扰别的设备，用电磁干扰（Electromagnetic Interference 缩写，EMI）表示。经常被一起提及的还有另外一个缩写 ESD，静电放电（Electro-Static Discharge），属于电磁敏感度的一个测试项目，体现电气设备抵抗静电干扰的能力。

汽车行业对车辆制定了严格的电磁兼容方面的标准和测试规范，首先零部件本身必须通过电磁兼容性测试，集成到整车后，整车也要通过电磁兼容性全面考核。电磁兼容性具有一票否决权，如果电磁兼容性不能满足相应法规测试要求，将导致产品不能上市，所以电磁兼容测试标准显得尤为重要，它对于电动汽车 EMC 具有把关作用。欧美发达国家十分重视对汽车电磁兼容性的研究，世界各国和相关国际性组织制定了众多的标准和法规来限制汽车的电磁兼容问题。

1. 零部件 EMC

零部件电磁兼容性是整车电磁兼容性的基础和前提，用于电动汽车上的零部件不仅应满足零部件电磁兼容性要求，同时在整车电磁兼容性出现问题时，零部件供应商也有义务支持并进行相关整改。

在汽车零部件测试方面，常用的测试方法通常可以按项目分为：无线电骚扰特性测试、传导骚扰特性测试以及传导瞬态发射测试；在电磁抗干扰方面可以分为：辐射抗扰度测试、传导抗扰度测试、大电流注入测试、静电放电抗扰度测试以及磁场抗扰度测试。汽车零部件电磁兼容测试的主要标准见表 8-1。

表 8-1 汽车零部件电磁兼容测试的主要标准

测试方法	测试标准
辐射骚扰测试	CISPR 25、ECE R10、72/245/EEC
传导辐射骚扰测试	GB/T 18655、CISPR 25/EN 55025
传导瞬态发射测试	ISO 7637-2、GB/T 21437
传导抗扰度测试	ISO 7637-2、GB/T 21437
大电流注入测试	ISO 11452-4
辐射抗扰度测试	ISO 11451-1、ISO 11451-2、ISO 11451-3、ECE R10、72/245/EEC
磁场抗扰度测试	ISO 11452-8
静电放电测试	GB/T 19951、ISO 10605

理论与实践证明，任何电磁骚扰的发生必须具备 3 个条件：骚扰源、传播骚扰的途径和敏感设备。作为电动汽车的零部件应该从两个方面尽可能地优化：一是尽量降低骚扰的强度；二是尽可能地提高抗骚扰的能力。对于各控制单元（ECU）（见图 8-2）主要是通过滤波电路、PCB 布局、布线、多层板设计控制发射源，同时加强设备的屏蔽，必要时通过金属壳体，将控制单元外壳形成一个连续密封的导电体，使耦合到内部电路的电磁场被反射和吸收。对于潜在电磁骚扰源的电机控制器、直流/直流转换器、高压线束、高

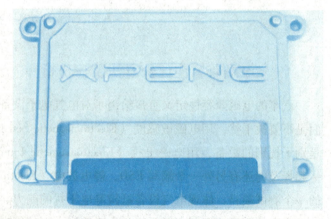

图 8-2 金属外壳屏蔽保护的 ECU

压蓄电池，可将外壳形成一个良好的密封体实现屏蔽完整性，防止电磁泄漏，再通过多点接地的方式将电机外壳与整车可靠接地，降低电磁辐射的水平。

2. 整车系统 EMC

在电动汽车整车的电磁兼容测试方面，按照项目来分可以把电磁骚扰分为：无线电骚扰特性测试，电磁场强度测试以及车载天线接收到的辐射发射测试；在电磁抗干扰方面可以分为对车外辐射源的辐射抗扰度测试、对车载辐射源的辐射抗扰度测试、大电流注入测试、静电放电抗扰度测试以及磁场抗扰度测试。

表 8-2 给出了机动车整车电磁兼容的主要测试标准。

表 8-2 机动车整车电磁兼容的主要测试标准

测试方法	测试标准
辐射骚扰测试	GB 14023 CISPR 12/EN55012 ECE R10 72/245/EEC
车载天线接收到的辐射骚扰测试	GB/T 18655 CISPR 25/EN 55025
电磁场发射强度测试	GB/T 18387 SAE J551-5
抗扰度测试	ISO 11451-1、ISO 11451-2 ISO 11451-3、ISO 11451-4 ECE R10 72/245/EEC 97/24/EC
磁场抗扰度测试	SAE J551-17
静电放电测试	GB/T 19951、ISO 10605

整车范围内首先保证零部件的 EMC 符合标准要求，通过线束将各个控制单元联系在一起。电动汽车整车级屏蔽设计的重点应是高压系统的布局、屏蔽设计以及 CAN 通信网络的抗干扰处理。首先尽量要求高压线束沿着车身布置，优化整车电磁辐射的环路，同时利用车身形成封闭的屏蔽舱。同时屏蔽高压电缆和连接器也是一种减少不必要的电磁干扰经济有效的方法（见图 8-3），通过一系列标准的试验显示了屏蔽电缆和连接器能够有效减

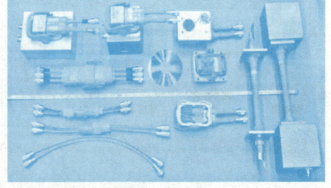

图 8-3 各种带屏蔽的高压线缆和连接器

少在 100 kHz~200 MHz 频率范围内的不必要的干扰。

CAN 总线系统用来完成电控、电机和电池三大系统之间的通信，直接关系到电动汽车的安全。对于电动汽车中的 CAN 通信网络，采用屏蔽双绞线，双绞线绞环中感应的电磁场相互抵消，从而降低了外界电磁场对绞线的干扰以及绞线间的干扰。同时东京电气化学公司（TDK）还提出使用 Common Mode Filter（共模滤波）以及 Split Termination（分裂式终端）来改善 CAN 通信网络的 EMC。

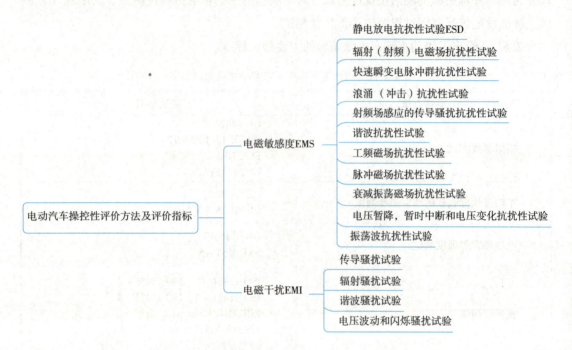

3. 影响电动汽车电磁兼容性的因素分析

针对电磁兼容问题三大要素，如图 8-4 所示，常依据隔离骚扰源和敏感部件、发现并阻断耦合途径的原则，在实践中采用接地、滤波和屏蔽的方法（见图 8-5）解决相关问题。

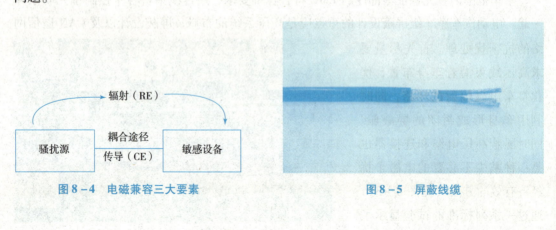

图 8-4　电磁兼容三大要素　　　　图 8-5　屏蔽线缆

1. 高压电气元件

动力电池以及电驱动系统等强电设备，在其运行过程中会产生强烈的电磁辐射，并对车内其他部件会产生严重的电磁干扰，这是车内电磁干扰的主要来源。

（1）动力电池。

动力电池以及与之相连接的动力线缆一般载有较高的电压和较大的电流，车辆在不同运行工况下电流和电压必然会产生波动，进而产生强烈的电磁干扰。

（2）电池管理系统。

电池管理系统主要进行电池相关信号的处理和传递，较低的工作电压与电流决定其较弱的抗干扰能力。车内电磁干扰对 BMS 的耦合有两种主要途径：一是车内的低频瞬态和各种干扰直接通过 BMS 的电源线以共模或差模干扰的形式耦合进 BMS；二是车内的各种辐射干扰场把能量耦合在 BMS 的连接线束上，形成共模干扰电流耦合进 BMS。

（3）DC/DC 变换器。

DC/DC 变换器是电动汽车高压电气系统中的转换模块，它将高压小电流转换为低压大电流输出到车灯等低压部件，是一个大功率振荡器，运行时电压随时间变动会有很大的波动。

2. 电驱系统

（1）驱动电动机。

目前驱动电动机种类较多，均是利用电流与磁场之间相互作用的原理将电能转化为机械能，是典型的宽带骚扰源。一方面，驱动电动机在高速运转的过程中，内部线圈会通过空间和导线产生强烈的电磁骚扰，扰乱周围电磁环境；另一方面，电动机内部线圈是电感元件，在电动机起动和停车阶段会有不同程度的电流波动，形成浪涌效应。同样地，在逆变器启动瞬间也会产生类似的瞬态干扰。

（2）逆变器。

逆变器电路中的 IGBT 开关管动作时产生的电压、电流突变会通过动力线缆产生强烈的电磁干扰，信号线与动力电缆会之间会产生互感，底盘与动力电缆之间产生也会产生共模干扰。可以采用下文的方法通过屏蔽和接地以降低对外界的干扰。

3. 整车设计

实际上，不同类型车辆的主要强电零部件外形设计与安放位置不尽相同，但从整车设计角度来看，有一些通用方法可以在一定程度上提高整车的电磁兼容性能。

（1）线缆布置。

线束电缆在瞬变的电流作用下可以看作一个个辐射天线，即使在平行传输途中也存在着导线之间的互感，导致信号的串扰。因而整车线缆布局设计显得尤为重要。一般来说，线缆在布局设计上要遵循的基本原则是：尽可能避免线束之间发生干扰。

（2）动力线缆。

动力线缆高电压、大电流以及其较大的波动特性决定着其会产生很强的电磁干扰，尤其是对低压通信控制线缆的干扰尤为明显。一般来讲，高压导线可以与低压导线铺设在一起，但是不能与低压通信控制线铺设在一起。同时，高压线缆与信号线要并行布置，避免环形布线，以减小高压脉冲对信号脉冲的干扰。

（3）通信线缆。

通信线缆一般选用屏蔽双绞线（见图8-6），并尽量将其绞紧，布线紧贴在底盘上。双绞方式使得感应的磁场相互抵消，可以降低外接电磁场对绞线的干扰以及绞线之间的互相干扰，降低衰减。而屏蔽层可以减少自身对外界的电磁干扰，也可以降低自身信号的衰减和噪声的引入，因而可以提供更洁净的电信号和更长的线缆长度。虽然屏蔽双绞线价格更加昂贵，安装也更加复杂，但其电磁兼容特性优越，所以应用广泛。

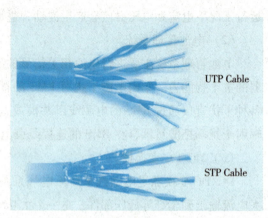

图8-6　屏蔽双绞线与非屏蔽双绞线

（4）孔缝。

受限于工艺与设计等原因，某些箱体上会留有用于散热或线缆进出的孔洞，汽车壳体拼接处也会留有缝隙，这些都可能引起电磁辐射泄漏的隐患。

4. 其他

对于高压回路的屏蔽，可以在机箱与连接器之间加装导电衬垫，减小屏蔽导体的接地阻抗，在芯线外面包裹屏蔽层，接线时屏蔽层要全角度接地，避免"猪尾巴效应"。一般来讲，编织屏蔽密度越高，屏蔽效果越好，但成本会升高，编织网的柔韧性也会下降。对于某些电磁要求更为严格或者有其他限制的地方，可以在线缆外侧套加金属屏蔽管以充分隔离。

任务实施：电动汽车电磁兼容性检测

1. 检测与试验标准

GB/T 18387—2017《电动车辆的电磁场发射强度的限值和测量方法》规定了汽车电磁兼容性试验的方法（见图8-7）。

该标准于2017年发布，由TC114（全国汽车标准化技术委员会）归口，主管部门为工业和信息化部。

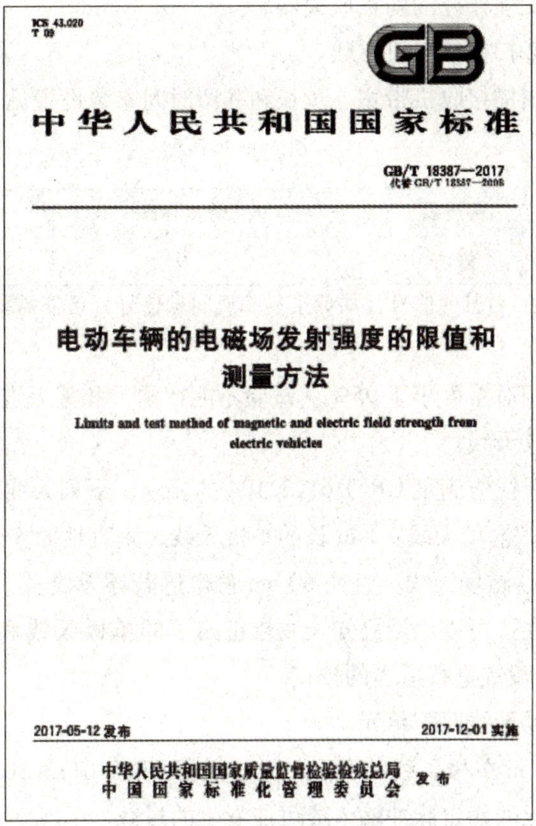
ICS 43.020
T 09

中华人民共和国国家标准

GB/T 18387—2017
代替 GB/T 18387—2008

电动车辆的电磁场发射强度的限值和测量方法

Limits and test method of magnetic and electric field strength from electric vehicles

2017-05-12 发布　　2017-12-01 实施

中华人民共和国国家质量监督检验检疫总局
中国国家标准化管理委员会　发布

资源 8－2　电动汽车电磁兼容性试验标准

图 8－7　GB/T 18387—2017《电动车辆的电磁场发射强度的限值和测量方法》

主要起草单位：中国汽车技术研究中心、北京新能源汽车股份有限公司、安徽安凯汽车股份有限公司、上海汽车集团股份有限公司、郑州宇通客车股份有限公司、比亚迪汽车工业有限公司、中国汽车工程研究院股份有限公司等。

2. 检测与试验流程

1）试验条件

（1）试验场地。

测试场地为装有吸波材料的屏蔽室（ALSE），可以选择户外试验场地（OTS）进行试验，场地应符合 GB 14023—2011 的要求。

（2）试验仪器。

①概述。

资源 8－3　电磁兼容性检测的试验条件

测量仪器应满足 GB/T 6113.101 的要求。测量仪器的本底噪声应至少低于限值 6 dB。

注：使用无源天线时，为实现 6 dB 本底噪声的要求，可以在天线和扫描接收机之间加上一个前置放大器，注意放大器和接收机的过载特性。推荐使用带有有源匹配单元的天

线，无须额外的前置放大器。

②扫描接收机参数。

扫描接收机带宽、步长和驻留时间参数设置见表8-3。

表8-3 扫描接收机参数

检波器	带宽/kHz	最大步长/kHz	驻留时间（最小）/ms
峰值	9	5	10

注：对某些信号（如低重复率或间歇信号）可能需要更低的扫描速率或多次扫描以确保测得最大值。

相对湿度小于95%。试验不能在雨天和雾天进行。

③天线。

天线应满足 GB/T 6113.104 的要求。下列天线适用于本标准：

a. 电场天线：1 m 长的单极天线，垂直地面安装，配有天线匹配单元；

b. 磁场天线：直径 60 cm 静电屏蔽环天线。

注：可以使用已知天线校正因子的单极天线和环天线产品。天线和接收机之间的衰减/增益宜进行适当的校正。

④天线匹配单元。

1 m 单极天线的匹配单元应根据 GB/T 6113.104 进行校准。应注意输入电压不超过匹配单元的额定脉冲输入或可能发生的过载。

⑤测功机。

测试场地配备的测功机应能保证所有驱动轮转速一致，转毂最大速度应满足最大试验车速的要求。并且其能够提供典型持续的道路负载扭矩。测功机的转毂应为金属材质，轴承支承结构应和暗室地板接地。

资源8-4 电磁兼容性的天线布置

（3）试验布置。

①电场天线接地。

匹配单元应安装在地平面上，以使接地电感最小。如果使用户外试验场地（OTS），制造商推荐的地网应放置于地面上并连接到长度至少为 2 m 的接地棒以确保电感最小。不允许使用通过天线电缆在接收机端接地的浮动地网。

②电场天线位置。

单极天线置于地面上，距车辆的最近部分 3 m ± 0.03 m。如图 8-8 所示，测量时天线的四个位置如下：

a. 车前和车后位置，并位于车辆的中心线上；

b. 车辆左、右两侧位置，并位于前、后轴之

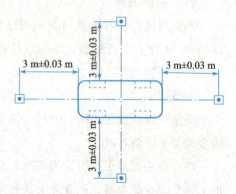

图8-8 天线相对于车辆的位置

间中线上。

③磁场天线位置。

环天线中心距地面 1.3 m±0.05 m，距车辆的最近部分 3 m±0.03 m。环天线支架应能实现环天线的两个极化方向。用垂直于环平面的磁场矢量方向来表示极化方向（也是环天线最大响应的方向），如图 8-9 和图 8-10 所示，环天线的方向如下。

a. 径向：环天线的最大磁场响应方向是垂直指向车辆的方向；

b. 横向：环天线的最大磁场响应方向是水平的并垂直于径向方向。

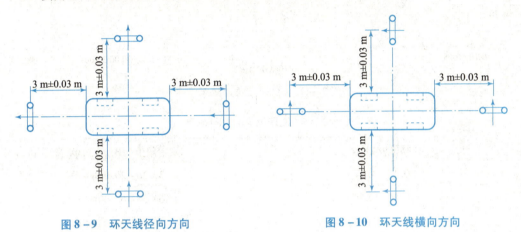

图 8-9　环天线径向方向　　　　图 8-10　环天线横向方向

天线与车辆的相对位置为：

a. 车前和车后位置，并位于车辆的中心线上；

b. 车辆左、右两侧位置，并位于前、后轴之间中线上。

（4）电磁兼容性检测的限值要求。

①电场强度的限值。

GB/T 18387—2017《电动车辆的电磁场发射强度的限值和测量方法》规定了电场强度的限值要求，如表 8-4 和图 8-11 所示。

资源 8-5　电磁兼容性检测的限值要求

表 8-4　电场强度的发射限值

频率 f/MHz	峰值限值/dB(μV·m^{-1})
0.15~4.77	88.89~20.00lg(f)
4.77~15.92	116.05~60.00lg(f)
15.92~20.00	67.98~20.00lg(f)
20.00~30.00	41.96

②磁场强度的限值。

GB/T 18387—2017《电动车辆的电磁场发射强度的限值和测量方法》规定了磁场强度的限值要求，如表 8-5 和图 8-12 所示。

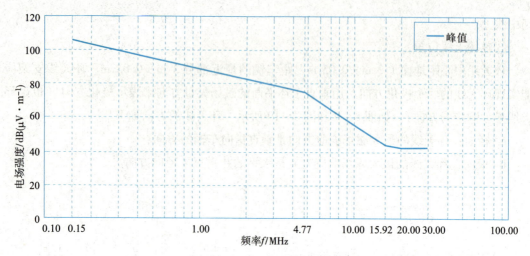

图 8-11 电场强度的发射限值

表 8-5 磁场强度的发射限值

频率 f/MHz	峰值限值/dB($\mu V \cdot m^{-1}$)
0.15~4.77	37.36~20.00lg(f)
4.77~15.92	64.52~60.00lg(f)
15.92~20.00	16.45~20.00lg(f)
20.00~30.00	-9.57

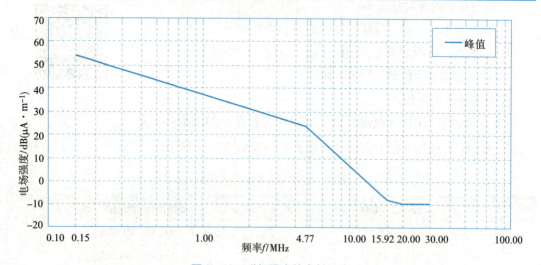

图 8-12 磁场强度的发射限值

2）试验方法

（1）试验车辆初步观察。

在测功机上进行发射测量之前，可以在路面上操作电动汽车，通过微弱的中波信号频道（如果车辆可收听长波的信号，则可使用长波信号）的收听来初步主观观察电动汽车的电磁辐射与操作模式之间的关系。初步观察可以使用车辆的内置天线和收音机，也可使用安装于车顶的单极天线和无线电接收机组成的临时接收系统。使用临时接收系统则应注意天线与车体的接地,无线电接收机宜使用独立电池运行。初步观察应在白天进行,在整个波段内至少选听三个微弱信号频道。

资源 8-6　电磁兼容性检测的试验方法

（2）试验车辆运行。

车辆运行模式见表 8-6。所有的运行模式中电驱动系统应处于驱动模式。与运行模式的偏离应在试验报告中详细记录。

表 8-6　车辆运行模式

运行模式	说明
低速	车速为 16 km/h,道路负荷按照车辆满载情况设置
高速	踩下加速器或设置巡航控制系统产生额定车速 70 km/h,道路负荷按照车辆满载情况设置。如果车辆在电驱动系统工作情况下无法达到 70 km/h 的速度要求,车辆应工作于最大车速

注：如果车辆无法在测功机上完成试验,可使用轮轴支架支起车辆进行试验。

（3）试验步骤。

试验前可进行初步观察,具体方法参见上文试验方法：（1）试验车辆初步观察。试验步骤为：

①道路负荷按照车辆满载情况设置,车速为 40 km/h 的稳定条件运行车辆。

②按照电场天线位置的要求布置单极天线,记录电场测量数据。

③按照磁场天线位置的要求布置环天线,记录磁场的两个方向的测量数据。

④依据步骤②和步骤③相对于限值的最大测量结果,确定最大发射方向。如果车辆的两个不同的侧面的最高电平大致相等,那么可以选择其中一个侧面作为最大辐射方向。

⑤按照表 8-6 中的运行模式运行车辆。

⑥在车辆最大发射侧面进行电场峰值扫描和磁场峰值扫描。

3. 检测与试验案例

1）试验准备

（1）试验设备和工具。

①测试场地。

低频电磁场发射测试、保护车外接收机的辐射发射测试、车外辐射抗扰度测试、模拟车载发射机抗扰度测试以及保护人体的电磁辐射测试部分需要在装有吸波材料的屏蔽室（ALSE）内进行。

静电放电抗扰度测试、电快速脉冲群抗扰度测试和浪涌抗扰度测试需在接地平面上执行测试。

保护人体的电磁辐射测试急加速急减速模式可在室外平坦干燥路面上进行,室外路面

坡度应在 -2%~+2%，测量场地环境中磁感应强度应低于测试计划规定限值的 10%。

②测试温度和湿度。

实验室内测试温度：(23±5)℃。

实验室内相对湿度：(20%~80%) RH，静电放电测试 (20%~60%) RH。

③仪器设备。

测量仪器与设备应满足各测试项目参考标准中的相关要求与设置。

发射类测试需使用接收机进行测量。接收机可使用快速傅里叶变换（FFT）模式，如采用 FFT 模式测试，接收机带宽设置应与步进扫频模式保持一致。

FFT 模式驻留时间设置应考虑被测车辆电气电子零部件的工作周期。如无其他规定，在 150 kHz~30 MHz 全频段内，应按 GB/T 18387 规定的方法执行。

（2）限值。

电场强度发射限值见表 8-7 和图 8-13，磁场强度发射限值见表 8-8 和图 8-14。

表 8-7 电场强度发射限值

频率 f/MHz	峰值限值 dB/(μV/m)
0.15~4.77	88.89~20.00lg(f)
4.77~15.92	116.05~60.00lg(f)
15.92~20.00	67.98~20.00lg(f)
20.00~30.00	41.96

表 8-8 磁场强度发射限值

频率 f/MHz	峰值限值 dB/(μA/m)
0.15~4.77	37.36~20.00lg(f)
4.77~15.92	64.52~60.00lg(f)
15.92~20.00	16.45~20.00lg(f)
20.00~30.00	-9.57

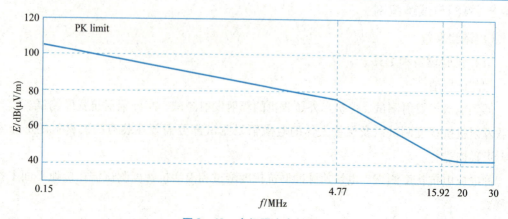

图 8-13 电场强度发射限值

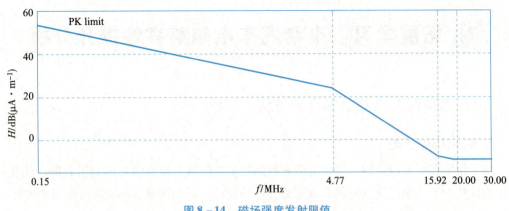

图 8-14 磁场强度发射限值

（3）测试布置。

天线馈线应使用优质的同轴电缆，例如双层屏蔽电缆与测量设备相连，同时在电缆上需使用铁氧体环抑制表面电流。

2）试验方法和步骤

（1）道路负荷按照车辆满载情况设置，车速为 40 km/h 的稳定条件运行车辆。

（2）按照 GB/T 18387 要求布置单极天线，记录电场测量数据。

（3）按照 GB/T 18387 要求布置环天线，记录磁场两个方向的测量数据。

（4）依据前两个步骤相对于限值的最大测量结果，确定最大发射方向。如果车辆的两个不同的侧面的最高电平大致相等，那么选择其中一个侧面作为最大辐射方向。

（5）按照表 8-9 中规定的运行模式运行车辆。

（6）在车辆最大发射侧面进行电场峰值扫描和磁场峰值扫描。

（7）如测试结果裕量不足 2 dB，则应保持测试条件不变开展多次测试，以降低由于不确定性因素对测试造成的影响。

表 8-9 车辆运行模式

运行模式	说明
低速	车速为 16 km/h，道路负荷按照车辆满载情况设置
高速	踩下加速器或巡航控制系统产生额定车速 70 km/h，道路负荷按照车辆满载情况设置

注：如果车辆在电驱动系统工作情况下无法达到 70 km/h 的速度要求，车辆应工作于最大车速。如果车辆无法在测功机上完成测试，可使用轮轴支架支起车辆进行测试。以上与运行模式的偏离应在测试报告中详细记录。

拓展学习：电动汽车电磁兼容性提升分析

一、提升电动汽车电磁兼容性的方法

1. 优化屏蔽接地

在工程实践中可以发现，很多电磁兼容问题都是屏蔽与接地设计不当引起的，优化屏蔽接地设计，尤其是优化强电部分电磁兼容性的设计，对车辆电磁环境的改善至关重要。

2. 车载干扰源抑制技术

解决纯电动汽车整车 EMC 电磁兼容问题需要提升车载干扰源抑制技术，运用技术的手段削减纯电动汽车整车系统中散发和接收部位的电磁干扰信号，选取抗干扰能力强的材质，优化整车系统，只有干扰源得到抑制，没有可供电磁传播的路径，降低敏感源的存在，才能解决车载干扰源的电磁兼容问题。

3. 选用优质包裹材料

纯电动汽车的电气结构较为复杂，其电磁的兼容性融合起来也比较困难。驱动系统在运行过程中会产生大量的电流，通过辐射或传导的方式，散发电磁波，形成干扰。因此可以选用优质的材料，包裹车内各个部分。抗干扰能力强的材料，可以有效降低电磁干扰信号在传播中的强度，降低电磁干扰强度。

4. 采用优质滤波器

滤波器是削减电磁干扰信号的重要武器。采用优质的滤波器，可以提升纯电动汽车内部的电磁抑制水准，进而确保行车的安全。

5. 使用高质量的车体材料

车体材料也是削减纯电动汽车外部电磁干扰因素的重要条件。使用高质量的车体材料，采用抗电磁干扰的材料对汽车周身进行全方位的保护，可以有效地缩减外部电磁信号的干扰能力。

6. 加装合适的瞬态干扰吸收元件

对于浪涌冲击、静电以及电快速脉冲群等瞬态干扰，可以加装合适的瞬态干扰吸收元件，如瞬变电压抑制管、压敏电阻以及气体放电管等。另外，为了能及时了解电机运行状况而安装在电机上的传感器也是常见的窄带骚扰源，同时它也是抗干扰能力较弱的易感元器件，此类电气元件在电动车辆中应用较多，必要时需要关注排查。

7. 改进电驱动系统的设计

除了上面提到的方法，改进电驱动系统的设计也可以达到对整车电磁兼容优化的效果。例如，为了减少电缆引起的天线效应，可以将电机控制器尽量靠近电机；为防止传导耦合影响正常通信，整车控制器要尽可能远离电机等高压设备。

8. 孔隙处理

在留有缝隙或空洞的地方加装导电泡棉垫或金属丝网，可以有效隔离泄漏。在某些不方便加装导电泡棉垫或金属丝网的地方，可以应用衍射的原理，进行结构性加深缝隙深度。

二、提升电动汽车电磁兼容性的技术及比亚迪运用车型举例

2020年，中国汽车健康指数一共对13款车型进行了测评，其中涵盖10款燃油车与3款新能源车，从整体成绩来看，有10款车型在电磁辐射项目上获得五星评价，其中比亚迪汉更是获得满分评价，表现尤为亮眼（见图8-15）。

测评车型	分指数项目	综合评分	星级
 （比亚迪汉2020款EV超长续航版尊贵型（BYD700 98EV1））	车内挥发性有机物（VOC）&车内气味强度（VOI）（满分100分）	97.5	★★★★★
	车辆电磁辐射（EMR）（满分100分）	100	★★★★★

图8-15 2020年中国汽车健康指数——比亚迪汉得分

作为一款新能源汽车，比亚迪汉EV是如何做到电磁辐射控制得比燃油车还好的呢（见图8-16）？

评价项目	评价结果
 匀速磁场辐射指标（满分65分）	65
 急加速磁场辐射指标（满分10分）	10
 急减速磁场辐射指标（满分5分）	5
 通信电场辐射指标（满分20分）	20
总得分	100

图8-16 比亚迪汉——电磁辐射得分

根据中国汽车健康指数的相关测评规程，车辆电磁辐射有四个评价项目，分别是匀速磁场辐射指标、急加速磁场辐射指标、急减速磁场辐射指标、通信电场辐射指标。比亚迪

汉 EV 在所有细分项目上均得到满分评价，实力为新能源汽车电磁辐射安全证言。

首先，在材料的选择上，比亚迪汉 EV 用铝壳将电池包保护起来，以此隔绝电磁辐射，降低进入乘员舱的辐射量；其次，为了控制瞬时高电磁辐射可能产生的数值陡增，比亚迪要求电动汽车预留至少 12 dB 的裕量空间（见图 8-17）。

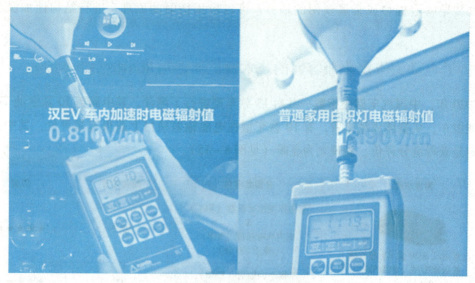

图 8-17　辐射值测试

当然，比亚迪的 EMC 实验室同样功不可没，为了测试与控制其产品的电磁辐射，比亚迪斥资近 1 亿元建立了整车电磁兼容性测试实验室（见图 8-18）。

图 8-18　比亚迪的 EMC 实验室

学习任务八 电动汽车电磁兼容性能检测

在先进实验室的助力下，不断优化设计，比亚迪汉实现了在高速、急加减速等工况下的电磁辐射保证在较低水平。此前，曾有媒体对比亚迪汉 EV 进行实测，汉 EV 在车内加速工况下的电磁辐射值仅为 0.810 V/m，甚至低于普通家用白炽灯的电磁辐射值。

此外，除了电磁辐射，电磁兼容性同样值得我们关注，它主要考核车辆两个方面的能力：一方面是车辆内部各个电控模块之间的抗干扰能力；另一方面是车辆对外界其他设备的干扰性能。

如果外界电磁环境能够轻易干扰车上的设备，行车安全就可能受到严重影响。

针对这个问题，比亚迪的工程师设定了五个方向进行开发优化，包括车辆内部电器之间、车辆与外部环境、人员与车辆、车辆与车辆、车辆与电网之间，通过大量的探索性试验，最终将其相互影响的可能性降到了最低。

比亚迪汉 EV（见图 8-19）从设计到最终完成验证，更是经历了 900 多小时的整车 EMC 电磁兼容测试，最终才在电磁辐射的控制中取得出色的表现。

图 8-19 比亚迪汉 EV

随着消费意识的提升，消费者对汽车的要求已不限于工具性和安全性。汽车健康看不见、摸不着，一辆车是否健康，消费者也难以通过肉眼辨别，而且汽车健康也和安全、智能等汽车技术一样，需要车企花资金、花精力来研发优化。因此，比亚迪汉的满分成绩绝非一夕而来，而是以消费者需求为出发点、长远布局、深谋远虑而来。

考核与评价

1. 什么是电动汽车的电磁兼容性？
2. 电动汽车电磁兼容性的评价指标是什么？
3. 电动汽车电磁兼容性检测的试验标准是什么？
4. 电动汽车电磁兼容性检测的试验方法和流程有哪些？
5. 提升电动汽车电磁兼容性的方法有哪些？